人間性心理学入門

マズローからジェンドリンへ

中野 明

Akira Nakano

Introduction to Humanistic Psychology

From Maslow to Gendlin

Abraham Maslow

アルテ

私たちは、人生がたえずそのときそのときに出す問い、「人生の問い」に答えなければならない、答を出さなければならない存在なのです。

ヴィクトール・フランクル『それでも人生にイエスと言う』P27

（1993年　春秋社）

はじめに

人間性心理学（ヒューマニスティック心理学／Humanistic Psychology）は、20世紀中葉のアメリカにおいて、アブラハム・マズローやカール・ロジャーズ、ロロ・メイらが中心になって立ち上げた心理学の一大潮流です。当時のアメリカ心理学界の潮流は、ワトソンやスキナーらの行動主義心理学が第一勢力、フロイト派の精神分析が第二勢力であり、人間性心理学は第三勢力の心理学にあたります。

ただし、人間性心理学とは何かと問われると、これがなかなか定義をするのが困難です。実際、アメリカ心理学会の人間性心理学部会のウェブページにある人間性心理学の定義を見ても、いまひとつ不明瞭なのが実情です。

しかしながら、明確な定義づけは困難かもしれませんが、人間性心理学がもつ明らかな特徴はいくつか指摘できます。

まず、人間性心理学とは、人間がもつ潜在的可能性に着目し、その実現に至る過程を研究し手助けするという点です。本書ではこの点を人間性心理学の基本的な立場に据えています。

また、研究対象である人間を実存としてとらえる態度も大きな特徴です。実存とは「今‐ここ」に生きる私自身であり、その瞬間その瞬間の可能性を自分の意思で選択する存在です。いわば常に生成過程にある存在として人間をとらえるのが人間性心理学の立場です。

さらに、人間に対するアプローチに現象学的手法を取り入れている点も人間性心理学の大きな特徴になっています。現象学では、既存の枠組みや常識を一切取り払って物事をありのまま見て、目の前の現象をいきいきと経験します。現象学ではこのような態度を判断停止（エポケー）と呼びます。そして、判断停止した上で経験した内容を何の先入観もなしに記述します。これが現象学の基本的な態度です。人間性心理学では、現象学的手法を採用して、人が経験するさまざまな事象を記述します。そして、その主観的経験から抽象的な理論や法則の確立を目指します。

加えて、人間性心理学が、健康人を対象範囲に含めている点も大きな特徴になっています。というのも、それ以前の心理学が、病的な人々を対象にしていて、健康な人がより健康になることを、ないがしろにしていたからです。人間性心理学はその足りなかった部分を補完します。

以上、人間性心理学の基本的な立場、態度、手法、対象について見てきました。悩ましいのは、人間性心理学の定義に加えて、誰を「人間性心理学者」の範囲に入れるのかが、なかなか不明瞭な点です。仮に第三勢力の心理学と人間性心理学を一緒のものだとすると、場合によっては行動主義心理学やフロイト派心理学とは異なる学派が人間性心理学になってしまいます。これではかなり問題があるでしょう。

今回本書で取り上げた心理学者は、一般に人間性心理学の領域で活躍すると見られている人物たちであり、人間性心理学を理解する上でぜひとも押さえておきたい人たちです。その人物とは7人で、本書の掲載順で述べると、アブラハム・マズロー、ヴィクトール・フランクル、ロロ・メイ、カール・ロジャーズ、フレデリック・パールズ、エリック・バーン、ユージン・ジェンドリンとなります。本書ではこれら7人の「人間性心理学者」について、その理論や哲学を、必須のキーワードとともに解説しました。

また、個々の心理学者について言及する前に、人間性心理学の全体像について述べる章を設けました。この総論にあたるのが第1章です。それに続く各心理学者に関する解説は各論に相当し、これらが第2章から第8章にあたります。

基本的には第1章から終わりまでを通読してもらいたいと思います。ただし、第1章を読んだあと、目当ての心理学者の章に飛んでもらっても問題はありません。

それでは、人間性心理学と7人の人間性心理学者の世界にお連れいたしましょう。本書が人間性心理学の総合的な理解に資することを期待しております。

目次

第1章 人間性心理学とは何か

●人間性心理学の基本姿勢

人間性心理学は、20世紀中葉にアメリカで台頭してきた心理学の一大潮流です。人間性心理学の代わりにヒューマニスティック心理学と呼ぶこともあります。現在は、アメリカ心理学会（ＡＰＡ）の人間性心理学部会（第32部会）が活動の世界的な中心になっています。このアメリカ心理学会人間性心理学部会では、同部会と人間性心理学を次のように定義しています。

本部会は人間性心理学の集合を代表するもので、そこには初期ロジャーズ派、トランスパーソナルおよび実存主義的立場だけでなく、近年発展中の立場である現象学的、解釈学的、構成主義的、フェミニスト的、そしてポストモダン的（社会構成主義的）な心理学を含んでいます。

我々は長期にわたって、すべての人々が幸福（ウェルビーイング）であること、目的と意味のある人生が重要であることに関心をもってきました。人間性心理学は、ポジティブ心理学のここ近年の動きと同類あるいはその基礎に位置づけられます。

人間性心理学は人間の経験の全範囲に誠実であることを目指しています。その基礎には哲学的な人間主義や実存主義、現象学が含まれています。科学および専門職としての心理学において、人間性心理学は、人間存在を研究する体系的で厳密な方法を開発し、より包括的で統合的なアプローチを通じて、現代心理学の断片的な性質を正すことを目指しています。

Society for Humanistic Psychology のＷｅｂサイト「About Us」(一部省略)

この定義から人間性心理学の本質をつかむのはなかなか難しいかもしれません。もっとも、それもそのはずで、右の定義でも記しているように、人間性心理学には多様な流派や立場があり、それを一括りにして「人間性心理学」という言葉をあてはめているからです。そのため、成立から半世紀以上たった現在も、人間性心理学のイメージがどこかぼやけた状態になってしまっているのでしょう。

それでは、人間性心理学が包含する多様な立場に共通する考え方とは何でしょう? これはとても難しい質問なのですが、本書ではあえて次のような立場を取りたいと思います。

人間性心理学とは、人間がもつ潜在的可能性に着目し、その実現に至る過程を研究し手助けする

学問的立場である。

麦芽について考えてみましょう。麦芽は小麦になる可能性をもっています。掌の上に乗るこの麦芽をまいて、やがて小麦が実ったとしたら、麦芽はその潜在的可能性を実現したことになります。

人間も同様です。人間も麦芽と同じく、成長し発展する可能性を秘めています。ただし、麦芽の場合、適切な環境さえ得られれば、自然に小麦へと成長していくでしょう。ところが人間の場合、そうはいきません。

というのも、人間は自分自身の意思で選択することで、成長し発展しなければならないからです。私たち人間は、生きるその瞬間その瞬間が選択の連続です。選択することで人は、自分の内にある潜在的な可能性を一つ、また一つと花開かせていかなければなりません。この点で人間の成長は、選択の余地がない麦芽の成長と大きな違いがあります。

さらに困難なことに、人間の選択には、良い選択もあれば悪い選択もあるという事実です。しかも、いずれがより良い選択なのか、選択する本人にもわからないケースが頻繁にあります。

こうして人は、選択肢の前で立ち止まり思い悩みます。私にとってより良いのはいずれの選択なのだろう？　私の潜在的な可能性を存分に発揮できるのはどの選択だろう？

人がこの問いに答えられない時、場合によっては選択を停止するという事態も考えられます。いわば自分自身からの逃避です。これではとうてい健全な人間とは言えません。

今見た悩みは現代人ならば誰しもがもつのではないでしょうか。そして、このような人々に対して、その人がもつ潜在的可能性を存分に発揮できるよう手助けするのが、人間性心理学を標榜する勢力に共通する基本的な立場だと言えます。

●人間性心理学の態度と方法論

今見た人間性心理学の基本的な立場の背景には、実存主義の考え方が実に深くかかわっています。実存主義は20世紀を代表する哲学の一大潮流で、キルケゴールやニーチェ、ヤスパース、ハイデッカー、サルトルらがとった哲学的態度を指します。

その基底にあるのは、一般化された理論や既存の概念に基づくのではなく、自分自身が「今－ここ」にある存在としていかにあるか、いかに生きるかを問う態度です。人は「今－ここ」という瞬間、また次の瞬間で、いかに生きるのかの選択を迫られます。選択とは何かの可能性を選び取ることです。しかも自分の意思で自由に可能性を選択できます。実存主義では、自分の意思の元で可能性を自由に選択できる存在としての人間を最大限尊重します。

しかし、この選択の自由は、人間にとってきわめて厳しい一面をもちます。というのも、選択から生じる結果は自らが責任を取らなければならないからです。選択の結果が良くても悪くても、責任はすべて自分自身に帰します。実存主義では、この厳しい現実を全面的に受け入れて、しかもなお自分の人生を主体的に選ぶことが人間に課された宿命だと考えます。交換不能な自分自身の生、これが実存です。

先に人間性心理学とは、「人間がもつ潜在的可能性に着目し、その実現に至る過程を研究し手助けする学問的立場である」と述べました。人間性心理学がもつこの基本的な立場が、きわめて実存主義的態度に裏打ちされていることがわかると思います。

実際のところ、仮に潜在的可能性に目をつぶり、自らの成長を止めてしまった人がいたとしたら、人間性心理学者は実存主義の立場から、人間は「今‐ここ」で可能性を選択し続けなければならない存在、その選択に自らが責任をもたなければならない存在であることを強く説くでしょう。その上で自らの可能性を反省し、勇気をもって選択することを勧めるに違いありません。この態度がきわめて実存主義的であることは論をまたないでしょう。

また人間性心理学は、実存主義と関係の深い現象学とも強く結びついています。実存主義は、過去の哲学が築き上げた抽象的体系を拒否して、人間が存在してここにあるといった、具体的な経験を重視すると先に述べました。人が「今‐ここ」において経験するという態度には、さまざまなスタイルが考えられます。その中で哲学者フッサールは、何者も信頼せずに自分自身の目で現実を凝視する現象学を提唱しました。

現象学では、まず、対象に対する一切の判断を保留します。この態度を判断停止またはエポケーと呼びます。そして、経験している内容を、既存の枠組みから解放して、客観的に記述します。さらにその上で、経験した自分の知覚と他人の知覚を列挙し照合します。こうすることで、同じ対象に対する共通認識、言い換えると客観的な認識を得ることを目指します。これが現象学的還元と呼ばれる方法です。

人間性心理学でも方法論にこの現象学的手法を取り入れます。そして先入見なしに人間の経験をつぶさに観察して記述しようと努めます。この方法論も人間性心理学の大きな特徴の一つになっています。

中でも、人間性心理学の中心的人物で、欲求階層論の提唱者として著名なアブラハム・マズロー（第2章）は、「多くの心理学上の問題は客観的、実験的、行動的、実験室的テクニックから出発するよりもむしろ、現象学から始められるべきである」（アブラハム・マズロー『可能性の心理学』P80）とまで述べたほどです。また、やはり人間性心理学の中心的な人物で、クライエント中心主義を提唱したカール・ロジャーズ（第5章）は、人間性心理学がもつ実存主義的態度と現象学的手法を次のように述べています。

実存主義的観点、現象学的内的準拠枠からみれば、人間はたんに機械という特徴をもっているだけの存在ではないし、また無意識の動機に支配される存在でもない。人間は、自分自身を創造していくプロセスにある人格であり、人生に意味を創りだしていく人格であり、主体的な自由の一面を具体化していく人格である。

アンソニー・サティック、マイルズ・ピック編『人間性の探究』収録、

カール・ロジャーズ「人間科学をめざして」P34

人間は、その瞬間その瞬間に可能性を選択する、常に流動的な存在です。それは自身が内に秘めた潜在的可能性を最大限開花させ、「自己自身を創造していく」ための活動です。その活動を支援するのが人間性心理学にほかなりません。

●人間性心理学成立の背景

人間性心理学の基本的な立場に加えて、人間性心理学がもつ実存主義的態度および現象学的手法について理解してもらえたと思います。次にこの人間性心理学が一学派として成立した経緯と背景を確認しておきたいと思います。そうすれば、人間性心理学がもつ別の新たな特徴が浮かび上がります。

人間性心理学の立ち上げに尽力した心理学者には、先にもふれたアブラハム・マズローやカール・ロジャーズ、実存心理学をアメリカにもたらしたロロ・メイらがいます。いずれも、１９６３年にフィラデルフィアで創設された「人間性心理学会（The Association for Humanistic Psychology）」に参加したメンバーです。

また、これより2年早い１９６１年春に、「人間性心理学ジャーナル（Journal of Humanistic Psychology）」の編集委員会が組織され創刊号が刊行されています。編集長はアンソニー・サティックが務め、編集委員には先のロジャーズ、メイのほかに、エーリッヒ・フロム、クルト・ゴールドシュタイン、ルイス・マムフォード、アンドラス・アンギャル、クラーク・ムスターカスらが名を連ねました。

この時期に人間性心理学会や学会誌が成立した背景には、当時の社会やアメリカ心理学界の状況が大いに影響しています。50年代半ばのアメリカは、未曾有の経済発展を遂げ、まさに黄金時代を築きました。しかし、その一方で体制に反旗を翻すカウンター・カルチャーの芽も着実に育っていました。

その一例が50年代半ばに生まれたビート・ジェネレーションによる運動です。ビートニクとも呼ばれた彼らは、抑圧的社会体制とそこに安住する人々の価値観に反旗をひるがえし、人間本来の生き方を模索しました。文学にも大きな影響を及ぼし、詩人のアレン・ギンズバークや作家のウィリアム・バローズらはビート・ジェネレーションの旗手として目された人物でした。

ビートニクはやがて姿を消しましたが、その精神はヒッピー・ムーブメントに確実に受け継がれました。さらに60年代に入るとアメリカはベトナム戦争の泥沼にはまり込み、フラワー・ムーブメントのように平和と人間性回復を願う動きが社会を覆います。

一方、同時期のアメリカ心理学界に目を転じると、そこでは明らかに二つの勢力が学界を支配していました。第一勢力は行動主義心理学、第二勢力がフロイト心理学です。両派がアメリカの心理学会を牛耳っていました。

第一勢力の行動主義心理学は、米ジョン・ホプキンス大学の心理学者ジョン・B・ワトソンらが提唱したもので、人間を客観的かつ科学的に研究することを目指します。自然科学の客観的実験手法に重きを置き、主観的なデータに科学的価値はないと退けます。そのため、客観的に観察可能な刺激と反応から人間の行動を分析しようとしました。

また、ダーウィン進化論の信奉者だったワトソンは、人間と獣を隔てるいかなる境界も認めないという極端な立場を取り、人間も含めた動物の反応に対する統一的図式を得ることを目指しました。操作的で実験室的なのが行動主義心理学の大きな特徴です。

第二勢力のフロイト心理学は、確立者であるジークムント・フロイトが、やはりダーウィン進化論の影響を受けていたこともあり、人間を動物の一種だと考えました。その上で、人間は無意識の領域であるイドから生じる、動物特有の原始的かつ本能的な欲動に駆り立てられる存在だと位置づけました。

イドに善悪や道徳もありませんから、イドから発生する欲動は時に人間を本能的あるいは破壊的な行動に駆り立てます。そこで私たちは、善悪の価値観や道徳といった文化を生み出して、無意識の勝手にさせぬよう人間を抑制します。この時に私たちの自我は、無意識と文化的価値観の板挟みとなり葛藤します。これが過剰になると神経症が発症するとフロイトは考えました。中でもフロイトは、イドから発生する性的欲動が満たされないことによる欲求の不満が神経症の大きな原因だと考えたのです。このようにフロイトの理論では無意識は邪悪な存在です。無意識から生まれる欲動は文明の価値観と対立するものです。

●第三勢力の心理学

しかしながら、当時の心理学者の中には、行動主義心理学とフロイト心理学の双方に疑問や不満をもつ人々がいました。行動主義心理学は、人間の行動を刺激と反応に還元してしまいました。しかし、そこから得られた結果を積み上げても、本物の人間像を再現するのは不可能でしょう。そもそも人間には心や意識、主体性があり、これらを無視して人間を語ることはできません。

また、行動主義心理学が行う実験は、その元をただすと人間の創造的な内的仮説に行き着きます。創造的な内的仮説は人間それ自身が生み出すもので、実験室から客観的に生み出されるものではありません。仮に内的仮説なしに実験を行ったとしても、それは不毛というものです。

一方、フロイト心理学は、人間の行動の原因に無意識を位置づけましたが、極端に無意識に決定づけられていて、そこには人間の自由がありません。

また、先にも見たように、フロイト心理学では人間の無意識を悪として切り捨てます。しかし、健康的な無意識も存在するのではないでしょうか。

たとえば、誰しもアイデアがふと浮かぶことがあります。これは意識的にそうした行為ではなく、意識していないにもかかわらず生まれたものです。仮にこの「意識的なもの以外」を無意識と呼んだとすると、無意識は創造性に欠かせない、悪玉ではなく善玉の性格を帯びることになります。

さらに、フロイト心理学が病的な面のみを強調し、健康な人間を対象とする視点が欠けていた点も批判の的となりました。フロイトがスポットを当てた病的な一面は人間の一部であり、残り半分である健康的な一面は研究からもれていました。心理学は不健康な人を健康にするのに加え、健康な人をより健康にすることも使命の一つです。その点がないがしろにされていたわけです。

加えて、二大勢力がともに教条主義に走っていた点も問題として指摘されました。まず理論ありきで、理論に人間やその行動、その症状を当てはめようとしました。この点に関しては、本書でも取り上げるゲシュタルト療法の開発者フレデリック・パールズ（第６章）が、面白いたとえをしています。

ユニークで多種多様な人間行動をギリシャ神話に出てくる「プロクルステスの寝台」の理論に当てはめようとして、多くの精神病理学の学派は、お得意の観点からは説明のつかない人間行動の様相を、無視するか、あるいは非難している。

フレデリック・パールズ『ゲシュタルト療法』P11

パールズが言う「プロクルステス」とは、捕らえた旅人を鉄の寝台に寝かせ、寝台より長ければ足を切り、短ければ身体を引き延ばしたという悪人のことです。つまりプロクルステスの寝台とは心理学の既存理論であり、物事をその理論に当てはめるか切り捨ててしまうかの態度です。

すでに見たように、当時のアメリカは人間性回復の社会トレンドが顕著になっていました。このような流れの中で、行動主義心理学でもない、フロイト心理学でもない、いわば「第三勢力」の心理学に関心が高まるようになります。このように人間性心理学は、社会的背景と心理学界の事情が結び付いて、その姿を現します。

それからもう一点、二大勢力に批判的な当時の心理学者が置かれた立場も、人間性心理学が誕生する大きな原動力になりました。というのも、こうした心理学者が非伝統的な心理学の論文を投稿しても、なかなか学会の学術誌に掲載してくれないという事態が発生したからです。人間性心理学の中心的存在となるアブラハム・マズローがその一人でした。

そこでマズローは対抗手段として、主流派心理学に批判的な研究者と連絡を取るようになります。そして、1954年には、それぞれの論文のコピーを交換できる、125名のメーリングリストを作り上げました。実はこのメーリングリストに載っていた人々が、「人間性心理学ジャーナル」の予約購読者になったといいます（この点についてはロイ・J・デカーヴァローが著作『ヒューマニスティック心理学入門』で明らかにしています）。

●人間性心理学の対象

以上、人間性心理学が一学派として成立した経緯と背景についてふれました。さらにここでは、成立の背景でふれたフロイト心理学が対象とした病的側面についてもう一度考えてみましょう。

人間性心理学の基本的な立場は「人間がもつ潜在的可能性に着目し、その実現に至る過程を研究し手助けする学問的立場」でした。そもそも、この「潜在的可能性」は、心身を患っている人だけではなく、健康な人も所有しています。したがって人間性心理学は、フロイト心理学が射程に入れなかった健康な人間もその対象にしていることがわかります。実際、マズローは、著作の中で「健康心理学」という言葉を用いてその重要性を強調しています。

いささか単純化するならば、フロイトは心理学の病的な一面を示してくれたが、われわれはいま、健康な半面をみたさなければならないといってよい。おそらく健康心理学は、われわれの生活を統制し、改善し、よい人間にする大きな希望を与えてくれるだろう。たぶん、「病気にならない方法」を問うこと以上に効果的なことであると思う。

アブラハム・マズロー『完全なる人間』Ｐ６～７

マズローが主張するように、人間性心理学では、病的な人が健康な人になることもさることながら、健康な人がより健康になることも視野に入れます。つまり人間性心理学の対象範囲は、人間の病的な側面から健康的側面までその領域を拡大しました。これも人間性心理学がもつ大きな特徴だと言えます。

加えて、人間性心理学が健康心理学としての立場を強調すればするほど、ポジティブ心理学が立脚する立場との重複が有無を言わせず目立ってきます。

ポジティブ心理学は１９９８年に心理学の新しい分野として誕生しました。提唱したのはアメリカの心理学者マーティン・セリグマンです。セリグマンは、アメリカ心理学会の会長講演の際に、心理学的な苦悩に苛まれている人を救うのと同様に、健康な人々のよりよい人生を支援する心理学を推進し、心理学のアンバランスを修正することが重要になると指摘しました。その役目を担うのがポジティブ心理学であり、今後、ポジティブ心理学を強力に推進することが欠かせないことを公にしました。

次に掲げるのはセリグマンがアメリカ心理学会の会長に就任した際の講演の一部です。

いまのところ、私たちは、何が人生を生きがいのあるものにするのかということについて、わずかのことを知っているに過ぎない。というのは、心理学は、人々が劣悪な条件下においてもどのようにすれば生き延び耐えうるのかについては多くのことを理解してきたが、普通の人たちが、より良い条件のもとで、どのようにしてますます元気になるのかについては、ほとんど何も知らないからである。

島井哲志編『ポジティブ心理学』収録、

マーティン・セリグマン「21世紀の心理学の2つの課題」P25

セリグマンの主張が、先に見たマズローの主張と軌を一にしているのがよくわかると思います。しかし、右の講演からさかのぼること35年前に正式に成立した人間性心理学では、健康な人がより健康になることを目指しており、「どのようにしてますます元気になるのかについては、ほとんど何も知らないからである」と断定するセリグマンの言葉には、異論を感じた人間性心理学者も多かったに違いありません。

アメリカ心理学会人間性心理学部会の人間性心理学の定義で、あえて「人間性心理学は、ポジティブ心理学のここ近年の動きと同類あるいはその基礎に位置づけられます」と記しているのは、そのためかもしれません。いずれにせよ、人間性心理学の対象には、従来の心理学が顧みなかった健康な人々が含まれており、こちらも人間性心理学の特徴の一つだと理解しておくべきです。

●本書で取り上げる人間性心理学の論客

以上、人間性心理学が共通してもつ特徴について、立場・態度・手法・対象という四つの視点から見てきました。加えて、ポジティブ心理学との関連もわかったと思います。以下、本書では、この人間性心理学のフィールドで活躍した7人の最重要人物について紹介することになります。７人とは次のとおりです。

アブラハム・マズロー

すでに何度かふれたマズローは、人間性心理学を打ち立てた中心人物の一人です。かつて筆者はマズローに関する著作を3冊書いています（『マズロー心理学入門』『マズローを読む』『マズロー100の言葉』）。マズローに関する詳細についてはこれらの書籍を参照してもらうことにし、本書ではマズローの思想をコンパクトに紹介するよう努めました。

ヴィクトール・フランクル

続くヴィクトール・フランクルは、第二次世界大戦中、ナチスによって強制収容所に送られ、その体験記を著作『夜と霧』にとりまとめた心理学者として著名です。また、フランクルは独自の心理療法であるロゴセラピーを開発しています。このロゴセラピーは、フロイトの精神療法、アドラーの個人心理学に続く、第三ウィーン学派の精神療法に位置づけられています。

ロロ・メイ

続いて紹介するのがロロ・メイです。先にも若干ふれたように、メイは「人間性心理学ジャーナル」の編集委員を務め、人間性心理学会の創設に尽力しました。またメイは、アメリカに実存心理学を紹介した人物としても著名で、「アメリカ実存心理学の父」とも呼ばれています。メイの思想には、フランクルと共鳴する点が多々あります。その点を本書から読み取ってもらえると思います。

カール・ロジャーズ

カール・ロジャーズも人間性心理学の中心的人物で、クライエント中心療法を開発した心理学者として著名です。またロジャーズは、人の出会いと成長の場を提供するエンカウンター・グループを始めた人物としても知られています。このエンカウンター・グループは、１９６０年代における人間性回復運動の盛り上がりとともに、アメリカで絶大なる支持を得るようになります。

フレデリック・パールズ

フレデリック・パールズは、人間を「今‐ここ」にあるトータルな存在と考え、未完結の経験を完結させることで人間の統合を目指すゲシュタルト療法を提唱しました。ゲシュタルト療法で重要になるのが気づきです。気づきとは発見であり、発見とは人間の新たな可能性を見出すことにほかなりません。パールズの思想にも実存主義や現象学が色濃く反映されています。

エリック・バーン

人間性心理学の一派に含めるかどうか最も迷ったのがこの人、エリック・バーンです。バーンが提唱する心理療法である交流分析は、フロイトの精神療法と一線を画していることから、明らかに第三勢力の心理学です。また、バーンの手法では実存主義や現象学が重視されています。以上から本書では、人間性心理学の最左翼としてバーンの心理学も取り上げることにしました。

ユージン・ジェンドリン

ユージン・ジェンドリンは、カール・ロジャーズと師弟関係にあり、また共同研究者でもありました。ロジャーズの心理学理論の発展に大きく貢献したジェンドリンは、身体に感じる言葉にならない感覚を体感し言葉にすることで、新しい気づきを得るフォーカシングを開発した人物として著名です。フォーカシングは現在も心理療法やセルフヘルプ（自助）に用いる技法として大きな支持を得ています。

本書では、この7人が提唱した心理学および心理療法の理論や背景にある哲学を中心に解説することを旨にしたいと思います。その際、具体的な療法の手法にまでは踏み込んでいません。これは筆者が心理療法の現場を踏んでいないからです。療法に関する具体的な技術を知りたい方は、関連する良書が多数あるかと思いますので、そちらを参照してもらいたいと思います。

それでは、7人が説いた心理学について、まずはマズローから見ていくことにしましょう。

第2章 アブラハム・マズロー

１９０８年、アメリカ生。１９７０年没。
人間性心理学の中心的な人物で創始者の一人。行動主義心理学者としてサルの研究に従事し、その後、人間をより総合的に取り扱う心理学の樹立を目指す。「欲求の階層」の提唱者としても著名。主な著書に『人間性の最高価値』『人間性の心理学』などがある。

●アブラハム・マズローとは誰か

アブラハム・マズローは、１９０８年4月1日、米ニューヨークのマンハッタンで、父サミュエル、母ローズの長男として生まれました。両親はロシア系ユダヤ人でアメリカに移住しました。マズローは移民の2世にあたります。

のちに人間性心理学の中心的人物として活躍するマズローですが、意外にも彼のキャリアが始まるのは、アメリカ心理学界の第一勢力にあたる行動主義心理学の分野でのことです。

１９２８年、マズローがコーネル大学からウィスコンシン大学に移った時期のことです。マズローは、カール・マーチスンが編集した著作『１９２５年の心理学』を通じて、最新の心理学と運命的な出会いをします。中でもマズローは、行動主義心理学の創始者の１人であるジョン・Ｂ・ワトソンの論文に感激し、心理学を一生の仕事にすることに決めました。

ウィスコンシン大学で博士課程に進んだマズローは、アカゲザルの実験で著名になるハリー・ハーロウに師事します。サルの行動研究に打ち込んだマズローは、１９３４年、晴れてサルにおける行動支配と性的行動に関する研究で、心理学博士号を取得します。

１９３７年、「行動主義心理学者」マズローは、ニューヨーク市立ブルックリン大学で講師の職に就きます。またマズローは、心理学とは別に人類学との関わりも大いに深めます。日本人と日本文化の特徴について記した著作『菊と刀』で著名な人類学者ルース・ベネディクトに出会い、深く傾倒するのもこの頃のことです。

マズローにとってベネディクトとの出会いも、ある意味で運命的なものでした。マズローはベネディクトの勧めもあって、ブラックフット・インディアンのフィールド調査に出向きます。この調査でマズローは、自分がもっていた先入観を見事に打ち砕かれます。

それは、標本箱に入っているかのように考えていたインディアンが、実は何よりもまず人間であり、個人であって、しかるのちにはじめてブラックフット・インディアンである、という発見でした。この発見からマズローは、種族や文化を問わず、「人間」として共通する何かがあることに気づきます。

そしてやがてマズローは、人間が共通してもつ「基本的」あるいは「生得的」とも言えるモデルを、のちに見るように「欲求の階層」として取りまとめ、世間からその名を広く知られるようになります。この意味でベネディクトに背中を押されて出向いたフィールドワークは、マズローの人生に計り知れない影響を及ぼしたことになります。

同じ頃、マズローの思想に大きな影響を及ぼす別の出来事がありました。フィールドワークに出掛ける直前、マズロー夫妻に第１子アンが生まれ、さらに１９４０年には第２子エレンが誕生しました。

行動主義心理学を信奉していたマズローは、ワトソンが主張するように、生まれたての赤ちゃんがいれば、行動を条件付けることで、どのような人間にでもできると信じていました。しかし天真爛漫で、自分の好き嫌いを強固に意思表示する赤ん坊に接してみると、マズローにはワトソンの考えが馬鹿げたものに思えてきたのです。

また、長女アンと次女エレンの性格の違いもマズローを驚かせました。アンは静かで落ち着いた子、対するエレンは母親のお腹の中でも活発に動く子でした。これらを見るにつけ、人間を理解するには、個々人が持って生まれてくる生得的な特徴も含めた包括的なアプローチが不可欠だ、とマズローは考えるようになります。

1930年代のほぼ全般にわたり、行動主義心理学者として活躍したマズローでしたが、30年代末から40年代初めにかけて行動心理学から徐々に距離を置くようになります。そして、人間が行動を起こす動機にはすべての人に共通する本質的・根源的なものがあるのではないかという、人類学のフィールド調査から影響を受けた問題意識から、1943年に「人間の動機づけに関する理論」を発表します（著作『人間性の心理学』に収録）。マズローはこの論文で「欲求の階層」に関する理論を初めて公表し、行動主義心理学からの離脱が決定的になります。

●欲求階層論が世間の注目を集める

論文「人間の動機づけに関する理論」は、人が何かに動機づけられて行動するのは、無意識的な基本的目標または欲求があるからだという立場が出発点になっています。その上でマズローは、人には階層化された五つの基本的な欲求があると主張しました。

第一に「生理的欲求」です。生理的欲求とは文字どおり人間の生理現象に関わる欲求で、食欲や睡眠、排泄、性欲などがあります。生理的欲求は非常に強力で、あらゆる欲求のなかで最も優勢な性質をもちます。極限の状態では、いかなる欲求よりも生理的欲求が優勢になります。

第二に「安全の欲求」です。安全の欲求は、安全や安定、依存、保護、さらに恐怖・不安・混乱からの自由、構造・秩序・法・制限を求める欲求など、こうした欲求の総称です。安全の欲求も生理的欲求と同じくらい強力で、場合によっては生理的欲求を棚上げして、安全の確保が求められるケースもあります。

第三に「所属と愛の欲求」です。人は孤独や追放された状態、拒否された寄る辺ない状態、根なし草で生きている状態を続けるのは困難です。こうして家族や恋人、友だち、同僚、サークル仲間などに目が向いて、共同体の一員として認められたいと思うようになります。また単に一員に加えられるだけでなく、周囲から愛情深く温かく迎えられたいとも思うでしょう。これが所属と愛の欲求です。

第四に「承認の欲求」です。この欲求は、「尊厳の欲求」や「自尊心の欲求」とも呼ばれています。承認の欲求は、自分に対する自分の評価への欲求と、他者からの評価への欲求に二分できます。前者は自尊心とも言えるものへの希求であり、後者は評判や信望、地位、名誉、栄達など外部からの評価に対する欲求です。

第五に「自己実現欲求」です。自己実現とは人が潜在的にもっている可能性を最大限開花させて、自分がなり得るすべてのものになり切ることです。つまりより一層自分自身であろうとする欲求が自己実現欲求にほかなりません。

マズローは欲求を以上に分類した上で次のような特徴を指摘します。第一に人がもつ基本的な欲求は個人差が少ない、つまり一定して存在するという点です。また、この基本的な欲求は階層を構成していて、優先度がその基準になっている点です。最も優先度が高いものが生理的欲求で、そのあとに安全の欲求、所属と愛の欲求、承認の欲求、自己実現欲求と続きます。

さらに、優先順に並んだ欲求において、低次の欲求（より優先度の高いもの）が満たされると、より高次の欲求（より優先度の低いもの）が現れるという点も、欲求の階層の特徴になっています。ただし、最も優先度が低いため、最も高次に位置する自己実現欲求は、永遠に追求する種類のものです。そのため、自己実現欲求は追求しても、追求しても、消失することはありません。

それから、欲求の階層と健康度には相関関係があるという点も重要な特徴です。生理的欲求のみを満たしている「単に生きのびている人」は、生理的欲求および安全の欲求を満たしている「安全な人」よりも不健康であることがわかります。また、この「安全な人」も、生理的・安全・所属と愛の欲求を満たしている「所属し愛されている人」から見れば不健康です。つまり、欲求を満たす階層が上昇するほど、人は健康になります。

また、基本的欲求の充足度と健康度が相関するとしたら、無意識は必ずしも悪ではないことになります。フロイトの理論では、動物の一員である人間は、無意識（イド）から生じる欲動に駆り立てられます。イドには善悪や道徳もありませんから、その欲動は破壊的であり、人間の文化と真っ向から対立しました。ここに人は葛藤を覚えて神経症が発症します。イドの抑圧の中でも、性的欲求の抑圧がその原因になるとフロイトは考えました。

一方でマズローは、人の行動を動機づける、人がもつ無意識的な基本的目標を探った結果、欲求の階層に行き着きました。これらは人がもつ無意識の領域に属するものですから、フロイト理論に照らして考えると、人間の文化にとっては悪となります。

しかしすでに見たように、階層構造になっている欲求を充足させるごとに、私たちの健康は高まります。逆にこれらの欲求を充足できない状況だと、私たちは身体的または心理的な病を得ます。ですから、これらの無意識の欲求は決して悪いものではなく、前向きに欲求を満たすべきものとなります。マズローはこのように述べています。

基本的欲求（生存のため、安全のため、所属や愛情のため、尊重や自尊のため、自己実現のための）、人間の基本的情緒、基本的能力は、一見したところ中立、モラル以前、あるいは積極的に、「善」であると考えられる。破壊、サディズム、残虐、悪意などは、その限り本質的なものでなく、われわれの固有の欲求、情緒、能力の挫折に対する激しい反応とみられる。

アブラハム・マズロー『完全なる人間』Ｐ４

私たちは欲望をもつことを悪いことだと考えがちです。しかしながらマズローに従うと、私たちが一定してもつ基本的欲求から生まれる欲望は決して悪ではありません。この欲求を抑えるよりも、十分に引き出して満たした方が、より健康になり、より生産的になり、より幸福になります。

●マズローの最大の関心事「自己実現」

マズローが欲求の階層の中で最も関心を寄せたのが自己実現です。自己実現は「Self-actualization」の訳で、もともと心理学者クルト・ゴールドシュタインが用いた言葉です。第1章でふれたように、ゴールドシュタインは「人間性心理学ジャーナル」の編集委員にも名を連ねていた人物です。

ゴールドシュタインは、脳を損傷した兵士の治療から、有機体は自発的に自分自身を再組織化して損傷を吸収しようとする傾向を見出しました。ゴールドシュタインはこうした有機体の再生力を指す言葉として自己実現を用いました。

マズローはこの言葉の適用を、損傷した患者のみならず健康人にまで広げました。また、外傷のみならず人の内面における可能性の実現にまで拡大解釈しました。マズローは自己実現を次のように説明しています。

> 自己実現を大まかに、才能や能力、潜在能力などを十分に用い、また開拓していることと説明しておこう。自己実現的人間とは、自分自身を実現させ、自分のなしうる最善を尽くしているように見え、ニーチェの「汝自身たれ！」という訓戒を思い起こさせる。彼らは自分たちに可能な最も完全な成長を遂げてしまっている人々、または遂げつつある人々である。
>
> アブラハム・マズロー『人間性の心理学』P223

いまや自己実現という言葉は、広く一般に用いられるようになりました。ただし、その意味を間違って理解している人も大勢いるように思います。

自己実現は一般に「なりたい自分になる」と理解されているようです。しかし、人はなりたい自分に必ずしもなれるわけではありません。運動音痴の人はいくら頑張っても卓越した運動選手にはなれません。音感が乏しい人が一流の音楽家になるのは無理です。このように人には、得手不得手が厳然としてあり、不得手の分野で「なりたい自分」になろうとするのは、自分の強みではなく弱みで偉大なことを成し遂げようとする、いわば無謀な態度だと言わざるを得ません。

したがって、自己実現は「なりたい自分」に着目すると、本末が転倒してしまいます。注目すべきなのは人がそれぞれもつ潜在的可能性です。自分に与えられた可能性を見極めて、最大限発揮するよう努めること、それが自己実現的人間の態度です。そして、その人がもつ可能性が最大限発揮された時、自己実現が達成されます。そういう意味で自己実現とは、１日や２日で達成できるものではありません。可能性を最大限達成する努力は、極端に言うならば、それこそ死の床まで続くものだと考えるべきなのかもしれません。

この自己実現についてマズローは、先の論文「人間の動機づけに関する理論」で言及はするものの、まだ関心はそれほど払われていなかったようです。表現も極めて簡潔です。ところがマズローは、自分の身近にいる２人の人物がもつ人間的魅力にひかれ、彼らを自己実現的人間としてとらえるようになります。その2人とは心理学者マックス・ヴェルトハイマー、それに先にも若干ふれた人類学者ルース・ベネディクトでした。マズローは、彼らのどこに、一般的な人間とは異なる特徴があるのか、いたく興味をもつようになります。こうしてマズローの自己実現に対する関心が大きく膨らむことになります。

マズローは2人を観察し、その特徴をノートに記し始めました。この観察ノートを埋めていくうちに、マズローはあることに気づきます。それは、従来の心理学が精神的に不健康な人々を研究対象にしていたのに対して、自分が今取っているアプローチは、優れて健康的な人々を対象にしているという点です。

こうしてマズローは、自己実現的人間というきわめて健康的な人物を対象にしたアプローチが、従来の心理学に新たな分野を切り拓くものだと悟ります。そして、優れて健康な人物である自己実現的人間の特徴を明らかにすれば、健康な人がより健康になるための指標になるだろう、と考えるようになります。マズローの自己実現的人間に関する研究はこのようにして深まってゆきます。

●自己実現的人間がもつ特徴

マズローは、自己実現的人間と思われる人物をピックアップして、その特徴を網羅し始めました。その結果、論文「自己実現的人間——心理学的健康の研究」が完成します。1950年のことです。

この論文でマズローは、自己実現的人間の特徴を15項目挙げています。

①現実をより有効に知覚し、それとより快適な関係を保つこと
②受容（自己・他者・自然）
③自発性・単純さ・自然さ
④課題中心的
⑤超越性――プライバシーの欲求
⑥自律性――文化と環境からの独立、意志、能動的人間
⑦認識が絶えず新鮮であること
⑧神秘的経験――至高体験
⑨共同社会感情（共同体感覚）
⑩対人関係（少数との深い結びつき）
⑪民主的性格構造
⑫手段と目的の区別、善悪の区別
⑬哲学的で悪意のないユーモアのセンス
⑭創造性
⑮文化に組み込まれることに対する抵抗、文化の超越

『人間性の心理学』Ｐ２２１～２６４

マズローはこれら15項目のそれぞれについて、詳しい解説を試みています。ここでは特に、自己実現的人間がもつ「④課題中心的」について見ておきましょう。

マズローが言う課題中心的とは、人生において何らかの使命や達成すべき任務、自分たち自身の問題でない課題をもっていて、それに多大なエネルギーを傾注する傾向を指します。つまり自己実現的人間は、自己中心的ではなく課題中心的な態度をとるということです。

自分たち自身の問題でない課題とは、真や善、美、正義、豊かさなど、人間がおしなべて認める価値です。マズローはこのような価値を存在価値（Ｂｅｉｎｇ価値／Ｂ価値）と呼びました。そしてマズローは自己実現的人間が、その人が自分に与えられた仕事、いわば天職を通じて、こうしたＢ価値を追求する傾向が強いことを見て取ります。

彼らにとって仕事はＢ価値を達成するための手段です。仕事はＢ価値に至るための手段として愛されるのであって、自己実現的人間が真に追求しているのは、仕事ではなくその先にあるＢ価値です。つまり、自己実現的人間にとって、Ｂ価値の追求こそが課題だということです。

●至高経験と超越的な自己実現者

マズローが挙げた自己実現的人間の特徴にある「⑧神秘的経験――至高体験」にも注目しておきましょう。この「至高経験」もマズローの人間性心理学を語る上でとても重要なキーワードになるからです。

自己実現的人間のすべてとは言わないまでも、その多くが、心理学者ウィリアム・ジェームズが言う神秘的経験を体験している、とマズローは述べます。プラグマティズムを提唱したジェームズは、宗教的体験（神秘的体験）が人の精神と行為に変化をもたらすものであることを著作『宗教的経験の諸相』において明らかにしました。

一方マズローは、こうした神秘的体験が宗教的な活動だけに見られるのではなく、偉大な交響楽や悲劇にふれること、あるいは映画や探偵小説に凝ることによっても、さらには自分の仕事に没頭することでも体験できると考えました。そこでマズローはこれらの経験を、非科学的な印象が強い神秘的という言葉を使わずに、「至高経験（Peak Experience）」と呼ぶようになります。

自己実現的人間が、この至高経験をたびたび体験していることがマズローの興味を強く引いたのでしょう。論文「自己実現的人間──心理学的健康の研究」以後、マズローは至高経験に関する研究を深めてゆきます。マズローは至高経験について次のように定義しています。

> 至高経験という語は、人間の最良の状態、人生の最も幸福な瞬間、恍惚、歓喜、至福や最高のよろこびの経験を総括したものである。このような経験は、創造的恍惚感、成熟した愛の瞬間、完全な性経験、親の愛情、自然な出産の経験などというような、深い美的経験からでたものであることがわかった。
>
> アブラハム・マズロー『人間性の最高価値』Ｐ１２５

マズローはこの至高経験の特徴についても、先の自己実現的人間の特徴と同じく箇条書きで列挙しています。もっとも、その箇条の数は著作によって微妙に異なっていて、18項目から25項目に及びます。

実は、マズローの文章では箇条書き形式の体裁を多用する点が大きな特徴になっています。しかもその箇条の数が20を超えることも珍しくありません。加えて、時に内容が重複している項目があったり、内容が不鮮明で込み入っていたりすることもあります。このようなことからマズローの文章は、概して読みにくい、わかりづらい傾向があります。

このマズローの文体は、彼がとった研究手法と大きな関係があります。というのもマズローは、自分が観察した対象について、先入見なしに、最大限何ももらさずに自分が見たまま記述することをモットーにしていたからです。つまりマズローは、対象を観察して記述するにあたり、現象学的手法を採用していたということです。そして、ありのまま記述しようとする態度が、結果として、込み入った箇条書き形式になってしまったわけです。

第1章でマズローが、多くの心理学上の問題は、「現象学から始められるべきである」と述べた言葉を紹介しました。マズローは、口先だけではなく、その実践者だったわけです。

話を元に戻すと、至高経験に関する研究を深めたマズローは、欲求の階層や自己実現的人間について新たな見方をするようになります。マズローは自己実現的人間の中に、頻繁に至高経験を体験し人生の一部になっている人と、至高経験をほとんど体験することのない人がいることに注目します。こうしてマズローは、自己実現はしているものの至高経験がほとんどない自己実現的人間を「超越的でない自己実現者」、至高経験をもつ自己実現的人間を「超越的な自己実現者」と分類するのが適切だと考えます。そして重要なのは、この2種類の人々は、単純に分類できるだけでなく、「等級」に分けられるとマズローが指摘している点です。

このマズローの考え方に従うと、自己実現的人間は低次の「超越的でない自己実現者」と、より高次の「超越的な自己実現者」という、2階層をなすことになります。さらにこの考え方をマズローの欲求の階層に適用すると、最上位に位置する5階層目の自己実現欲求は、「超越的でない自己実現欲求」と「超越的な自己実現欲求」に階層化できます。つまり俗に言う「マズローの5段階欲求」（マズローは5段階をことさら強調したわけではなく、このような呼び方もしていません）は、「マズローの6段階欲求」と表現するほうがより正確になります。

●X理論、Y理論、そしてZ理論へ

マズローの関心は、自己実現や至高経験からさらなる広がりを見せます。人間性心理学会成立の前後には、マズローの関心は心理学を基礎に経営学にまで広がりました。その契機になったのが1962年夏、ノンリニア・システムズ社の社長アンドリュー・ケイ（アンディー・ケイとも呼ぶ）の招待で、カリフォルニア州デルマー市にある同社の工場に、客員研究員のような形で滞在したことです。

ノンリニア・システムズ社は、ケイが開発したデジタル電圧計の製造で大きな成功を収めていました。またケイは、進歩的な経営管理手法の信奉者で、そうした手法を自分の会社に積極的に導入していました。ケイが教科書にしたのは経営学者ピーター・ドラッカーやダグラス・マグレガーの著作、それにマズローの著作『人間性の心理学』でした。

マズローが同社の工場を訪れて驚いたのは、生き生きと働く従業員の姿でした。この姿はマズローにとって非常に印象的だったようです。また、マズローはこの機会に、ノンリニア・システムズ社が教材にしていたドラッカーやマグレガーらの著作を精力的に読み込みます。それまでマズローは経営学とは無縁の生活だったからです。

ノンリニア・システムズ社での強烈な体験により、マズローは、より良い企業が人間の成長を促進するのに重要な役割を果たす、と考えるようになります。


優秀な人材がきちんとした組織に加われば、まず仕事が個人を成長させ、次に個人の成長が企業に繁栄をもたらし、さらに企業の繁栄が内部の人間を成長させるのだ。このように、仕事生活、すなわち生活のために収入を得る手段を正しく管理すれば、そこで働く人間は成長し、世界はより良いものとなる。その意味で、この仕事生活の正しい管理はユートピア的、あるいは革命的なものと言えるだろう。

『完全なる経営』本文Ｐ２

さらにマズローは、マグレガーの著作にふれることで、自己実現的人間を対象としたマネジメントの在り方についても思いをはせるようになります。マグレガーは著作『企業の人間的側面』において、著名な経営管理手法であるX理論とY理論を公表していました。この理論がマズローを大いに刺激しました。

X理論は従来の伝統的な人間観で、人は怠け者で強制や命令が必要だという立場をとります。これに対してY理論の人間観では、人は自ら定めた目標に向かって自分自身をムチ打つものだと考えます。人の欲求が低次レベルから高次レベルへと移行するに従って、もはや従業員をX理論で管理するのではなく、Y理論で管理することが欠かせない。これがマグレガーの主張でした。

マグレガーは著作でマズローの名を出すことはしていません。しかし、X理論とY理論の土台には、マズローの欲求の階層を据えていました。ノンリニア・システムズ社の組み立てラインの改善はこのY理論に従ったものでした。

マズローはマグレガーの主張に対して、Y理論は承認の欲求レベルにある人々を管理するには効果があるだろう、と考えました。ただし、自己実現的人間を管理するには、さらに別の手法が必要になると判断します。こうしてマズローは、X理論とY理論に続くZ理論を提唱します。

自己実現的人間の場合、低次の基本的欲求は満たされています。これらが満足されると、人は仕事の背景にある価値を目指して創造的かつ生産的であろうとします。つまり先に見たB価値の追求です。

したがって自己実現的人間が満足するには、企業自体がB価値を目指している必要があります。その上で彼らと目標を共有して、事業という手段を通じて、従業員とともにB価値を追求しなければなりません。そうすれば、従業員は仕事をしながらB価値に対する欲求を満たせます。この点を前提に経営管理を行うのがマズローの言うZ理論です。

●シナジーでユーサイキアを目指す

さらにマズローの着想は、企業から社会へと拡大します。この着想が「ユーサイキア（eupsychia）」という考え方です。ユーサイキアという語は、ギリシャ語の「eu ＝良い」「psyche= 心、魂」「ia ＝場所、祭典」を組み合わせたものです（アブラハム・マズロー『完全なる経営』Ｐ44）。ユーサイキアは、人類が理想とする社会すなわちユートピアであり、マズローによると１０００人の自己実現的人間が外部からの干渉のいっさいない島に暮らした場合に生まれる文化あるいは社会を指しています。

ユーサイキアを念頭に置いたより良い社会、より良い企業には、いずれにもなくてはならない仕組みがある、とマズローは考えました。シナジーがそれです。

シナジーとは一般に「相乗効果」と訳され、近年では経営論で用いることが多くなっています。

広辞苑を見ても「経営戦略で、事業や経営資源を適切に結合することによって生れる相乗効果のこと」と説明しています。

確かにシナジーの定義はこれでも間違いではないのでしょう。しかし、マズローが考えるシナジーのニュアンスからはズレがあります。マズローが念頭に置くシナジーとは、もともと人類学者ルース・ベネディクトが、原始的文化の健康度を示すために用いたものです。

ベネディクトが説いたシナジーとは、利己的な目的の追求が他人を助け、また愛他的・利他的で他人を助けようとする行動が、必然的に自分自身にも利益をもたらす仕組みを指します。ベネディクトはこの仕組みが備わっているインディアン社会は非攻撃的で非利己的、仕組みが備わっていない社会では攻撃的で利己的であることに気づきました。

マズローもブラックフット・インディアンのフィールド調査でシナジーをその目にしています。ブラックフット族は毎年「太陽踊りの儀式」、別名「財産放棄の式」と呼ばれる儀式を行います。この儀式では部族の全員が集まって、部族の金持ちたちが1年間働いて蓄積した財を部族の貧しい者に分け与えます。そして、最も多く分け与えた者が、部族の富裕者として尊ばれるというものです。逆に牛や馬を貯め込んで、分け与えずに蓄財する者は、蔑視の対象になります。

金持ちが財産を分け与えることは利他的行為です。しかし、これにより部族の富裕者として尊ばれますから、利己的なメリットもあります。また見方を変えると、金持ちは富裕者と呼ばれたいがために、財産を分け与えたのかもしれません。これは利己的な目的です。しかし、これによって貧しい人が潤うのですから利他的でもあります。つまり「財産放棄の式」は、利己的であると同時に利他的なシナジーのある社会的仕組みであることがわかります。

私たちが住む現代社会にもシナジーのある仕組みが見られます。ここに利己的な店主が8割、利他的な店主が2割からなる商店街があります。利己的な店主は自分の店に客が沢山来るよう、毎朝店先を掃除します。これは利己的な動機です。しかし、これにより商店街が綺麗になる訳ですから利他的でもあります。また、利他的な店主は商店街のためを思って毎朝店先を掃除します。これは利他的な動機です。しかし、これにより自店の店先は美しくなり、お客も気持ちよく入店できるでしょうから、利己的でもあります。

要するに、こうしたシナジーのある制度や仕組みが企業や社会に取り込まれている時、人は非攻撃的で非利己的になり、ユーサイキア実現の可能性が高まる、というのがマズローの見方です。そして今後社会は、ユーサイキアを目指すべきであって、そのためには基本単位である個々人が自己実現的人間を目指すことが重要になる、とマズローは主張します。このようにマズローの人間性心理学の適用範囲は、人間を超えて社会までの広がりを見せました。

ただ残念なのは、マズローが１９７０年に心臓発作で急逝してしまったことです。まだ62歳でした。マズローがもっと長生きしていたら、その理論はさらなる広がりと深まりを見せたに違いありません。

以上、本章では、マズローが打ち立てた人間性心理学について見てきました。最後に、拙著『マズロー心理学入門』でも記しましたが、マズローが果たした業績を5項目にとりまとめておきたいと思います。

①病的な人間ではなく健康的な人間を研究対象として、心理学に新しい分野を切り開いた。
②人間を成長する存在と位置づけて、成長する人間の過程を欲求の階層で表現した。
③人間の成長のゴールを自己実現と位置づけて、その特徴を明らかにした。
④至高経験を科学の対象として、超越的な自己の可能性までも提示した。
⑤理想社会ユーサイキアを想定して、その本質にシナジーを取り入れた。

中でもマズローの心理学は、自己実現的人間やユーサイキアのように、人類が理想とすべきモデルを明らかにした点に大きな意義があります。それというのも、その模範的モデルと現状の自分自身や現在の社会を比較することで、ギャップが発見できるからです。このギャップを一つひとつ埋めていけば、人間的な成長や社会的な発展が目指せるに違いありません。

そして、その成長や発展とは、人間や社会がもつ潜在的な可能性の実現にほかなりません。

第3章 ヴィクトール・フランクル

１９０５年、オーストリア生。１９９７年没。

独自の心理療法ロゴセラピーの創始者。第二次世界大戦中、ナチスドイツによって強制収容所に送られるも奇跡的に帰還する。戦後に出版した強制収容所での体験記『夜と霧』は世界中でベストラーに。ほかにも『フランクル回想録』など多数の著書がある。

●早熟の天才

ヴィクトール・フランクルは、人間性心理学の中でも一種際立った地位を確立しています。それはフランクルが、第二次世界大戦中にナチスドイツによって強制収容所に送られた経験を有している点に起因します。何とも奇妙なのは、この極限の経験が、フランクルの打ち立てた心理療法であり、人生の意味の探求を基礎に置く「ロゴ（意味）セラピー」の正当性を証明するのに結果として役立った点です。以下、フランクルとロゴセラピーについて解説するとともに、強制収容所の経験とフランクルの思想との相互関係について述べることにしましょう。

ヴィクトール・フランクルは、１９０５年３月26日に、ウィーンのレオポルトシュタットにあるツェルニンガッセ６番で生まれました。この通りの７番には個人心理学の創始者アルフレッド・アドラーがかつて住んでいました。のちにフランクルの創始した心理療法ロゴセラピーは「ウィーン第三学派の精神療法」と呼ばれることになりますが、「ウィーン第二学派」である個人心理学の誕生の地からさほど離れていなかったことになります。ちなみに「ウィーン第一学派」とはフロイトの精神療法を指します。

フランクルはかなり早熟な人物だったようです。彼が書いた自伝『フランクル回想録』によると、早くも３歳の時に将来は医者になる決意をしたといいます。また、４歳の時には、「人生の無常さが人生の意味を無に帰してしまうのではないか」と自分に問いかけたといいます。しかもこの問いに対してフランクルは、「死こそが初めて人生を有意義なものにする」(ヴィクトール・フランクル『フランクル回想録』Ｐ22）と、何とも哲学的な答えを出しています。どうやらフランクルは、早熟だけでなく天才肌の人物だったようです。

これはずっとあとになってからのことですが、ある心理学者がフランクルに対してロールシャッハ・テスト（インクのしみで偶然できた図からの想像をもとにその人の人格を判断する手法）を実施したことがあります。その結果は、極端な合理性と深い感情性がこれほど緊張状態をなしている例はほかに見たことがないということで、検査した心理学者が舌を巻いたといいます。フランクルによると、前者の性格は父親、後者は母親譲りだとのことです。

中学校低学年の頃、優等生だったフランクルは、応用心理学を勉強しようと国民大学へ出入りするようになります。また、実験心理学にも興味をもつようになり、フロイトの直弟子エドゥアルト・ヒッチュマンやパウル・シルダーらから学ぶようになりました。この中学時代にフランクルは、精神医学の影響によって精神科医になりたいと思うようになります。

またこの頃、フランクルは友人とゼーレン・キルケゴールについて語り合っています。友人は、「自分自身であろうとすることに絶望するな」というキルケゴールの言葉を引いて、フランクルに「キミは精神医学の才能があるのだから、素直にそれを認めよ」と言ったといいます。以後、フランクルは「精神医学的自己実現」に向かって生きることを決心しました。

もっとも、フランクルが学問一筋だったわけではありません。生涯に27の名誉博士号を取得するフランクルですが、そうした偉業よりも、アルプスの二つの登山路が初登頂者にちなんで「フランクル登山路《シュタイゲ》」と名づけられたことの方が、自分にとっては大きな意味がある、とフランクルは述べています。フランクルは若くからロッククライミングの熱狂的な愛好家だったのです。また、年齢を重ねてからは、飛行機の操縦にほだされ、自らの操縦で、山を登るのではなく、山の上を飛行しています。

●生涯のテーマ、人生の意味を問う

フランクルが15歳か16歳の頃と書いているので、1920年あるいは21年のことです。フランクルは、国民大学の哲学ワーキング・グループで、人生の意味について講演する機会を得ます。その頃すでにフランクルは人生について二つの基本的な考え方をもっていました。

> まず第一に、そもそもわれわれが人生の意味を問うべきなのではなく、われわれ自身が問われているものであり、人生がわれわれに出した問いに答えなければならないということである。そして、この人生の問いに答えられるようになるためには、われわれは自らの存在そのものについて責任を担わなければならないということである。
>
> もうひとつの基本的考えは、究極的な意味がわれわれの理解力を超えていること、いや超えていなければならないということである。一言でいえば、私が〝超意味《ユーバージン》〟と呼んでいるものが問題なのである。
>
> 『フランクル回想録』P68

フランクルの発言でまず注目したいのは、人生の意味に対する彼の態度です。この態度は、フランクルが打ち立てるロゴセラピーの基礎中の基礎にあたる部分です。

通常私たちは、「人生の意味とは何か」「私は何のために生きているのか」という問いを立てます。

これに対してフランクルは、私たちが人生の意味を問うのではなくて、私たちが人生の意味を問われていると考えるべきだ、と主張します。

つまりフランクルは、私たちが経験するその瞬間その瞬間は、自分自身がいかに生きるのか、その生き様からどのような意味を見出すのか、それが人生から私たちに与えられた課題だ、と言うのです。常識から考えると誠に意外な主張です。そのためフランクルはのちにこの主張を「人生の問いのコペルニクス的転回」と表現しました。

かつて哲学者カントは、客観が主観に依存するという自身の認識論の立場を、コペルニクスの地動説になぞらえて、コペルニクス的転回と呼びました。フランクルは、カントにあやかって、自分の立場を表現したわけです。

フランクルの言う、人生の問いのコペルニクス的転回は、よくよく吟味してみると理にかなっていることがわかります。それというのも、仮に私たちの人生が決定論的に決まっていて固定されているとすれば、人生の意味もあらかじめ決まっているものであり、「私の人生の意味とは何か」と問うこともできるでしょう。

しかし、実存主義的人間観で見たように、私たちは自由意思のもと、瞬間そのまた瞬間に、何かを選択してその可能性を実現しようとします。可能性の実現とは、隠れていた意味が日の目にあたることです。つまり、私たちがもつ可能性を自ら選択して現実し、人生の意味を作り出すのは、とりも直さず私たち自身だということです。

加えて、自らの選択は、自らの自由意思の下に行われたものです。それ故、その選択に対して責任をもたなければなりません。つまり、人生に意味を見つけ出す責任は、私たち自身にあるということです。

●自由意思への反論

もっとも、読者の方には、自由意思の下での選択はあり得ない、と反論する方もいるに違いありません。このような人は次のように主張するでしょう。

「私たちはあらかじめ与えられた身体的能力や家庭環境という条件下に生きている。また、義務教育や各種法律に見られるように、私たちの行動も大幅に制限されている。このような条件に縛られた中で行われる選択は、決して自由意思による選択とは言えない」

なるほど。なかなか説得力のある主張に聞こえます。しかしフランクルの立場からすると、この主張には次のように反論できます。

この人物が主張するように、私たちはいくつもの条件に縛られながら、それぞれの人生を歩まなければなりません。この点は厳しい現実であり、間違っていません。その意味で、人が与えられたすべての条件から自由になるのは不可能です。

とはいえ、このような条件を背負いながら、それでも私たちは自らの意思で選択し可能性を追求できる存在としてここにあります。条件はあらかじめ定義づけられているかもしれません。しかしどのような条件下にあっても、自分自身がどのような態度をとるのか、その選択に対する自由は何人であれ奪うことはできません。これがフランクルの言う自由意思の下の選択です。フランクルの言葉に耳を傾けてみましょう。

もちろん、人間は有限の存在であり、その自由には限度があります。自由と言っても、それは条件からの自由ではなく、この条件に対して自らの態度を表明する自由です。

ヴィクトール・フランクル『ロゴセラピーのエッセンス』P69

最期の瞬間までだれも奪うことのできない人間の精神的自由は、彼が最期の息をひきとるまで、その生を意味深いものにした。（中略）そこに唯一残された、生きることを意味あるものにする可能性は、自分のありようががんじがらめに制限されるなかでどのような覚悟をするかという、まさにその一点にかかっていた。

ヴィクトール・フランクル『夜と霧』P112

いかがでしょう。先の反論は条件から自由になれないから自由意思はないと主張しました。これに対してフランクルは、条件の存在を認めた上で、それでもまだ条件に対してどのような態度をとるか、私たちは自由意思の下に決められる、と主張しているわけです。これがフランクルの言う精神的自由です。

次に、当時のフランクルがもっていた人生に関する二つの基本的な考え方のもう一方について見ておきましょう。フランクルは、私たちが理解できない究極的な意味が世の中には存在し、それをのちに「超意味《ユーバージン》」と命名したと述べています。これは一体どういうことでしょうか？

人はしばしば避けられない苦しみを受けなければならないことがあります。本人はなぜ私がこのような仕打ちを受けなければならないのか理解できません。しかし、そのような場合にも、何らかの意味を実現する可能性が潜んでいる、と考えるのがフランクルの立場です。

この点に関してフランクルは、ポリオワクチンの開発のために使われるサルの事例を掲げて説明しています。このサルは、実験のために何回も注射による痛みに耐えなければなりません。サルはこの苦しみの意味を理解しているのでしょうか。この問いに多くの人は、「サルは知能が低いので自分の苦しみの意味を理解できない」と答えるだろう、とフランクルは言います。

仮にこの主張が正しいとしましょう。では、人間はどうなのか、とフランクルは問います。人間は宇宙の進化の終点ではありません。さらにその先の次元があります。人間の苦悩の究極の意味に関する答えは、この人間の世界の向こう側にあるのではないか、とフランクルは言います。これがフランクルの言う「超意味」の意味です。フランクルの主張が正しいとすると、私たちが人生の課す苦悩に意味が見出せない時、人生の意味深さを理性で把握する能力に欠けている自分自身に、ただただ耐えざるを得ないことになります。

以上の考え方はフランクルが打ち立てるロゴセラピーの中心的概念になります。このフランクル哲学の根本が、すでに１５、６歳の頃に形成されていたというのですから、私たちはその事実に驚かざるを得ません。

●フロイトそしてアドラーとの違い

フランクルが人生について哲学的思索を巡らしていた頃、彼は２人の重要な人物と知遇を得ます。一人はジークムント・フロイト、もう一人はアルフレッド・アドラーです。

中学を卒業する前後のこと、フランクルはフロイトに手紙を出し、以後互いに私信のやりとりをするようになります。あるときフランクルは、手書きの論文を手紙に添えてフロイトに送付しました。この原稿が、フロイトの手を経て１９２４年に「国際精神分析ジャーナル」に掲載されることになりました。これがフランクルの公になった最初の論文です。

さらに翌１９２５年には、二つ目の論文がアルフレッド・アドラーの目に止まり、「国際個人心理学ジャーナル」に発表されることになります。医学生になっていた当時のフランクルは、すでにフロイトではなくアドラーに傾倒していました。ちょうどこの頃、フランクルはフロイトと偶然出会っていますが、もはや両者の関係が深まることはありませんでした。

フランクルは、アドラーの影響下にあった１９２６年、公の場で初めてロゴセラピーについて講演していきます。この頃までに、フランクルの思想はある程度深まっていたことがわかります。

　フランクルが創始したロゴセラピーは、人生の意味に着目することで神経症の克服を目指す心理療法です。「ロゴス」はギリシャ語で「意味」を表します。人生に意味を見出せないと、人は深い空虚感を覚えます。これが過剰になると生を放棄したくなることもあるでしょう。ロゴセラピーではこうした深い悩みを抱える人が、人間存在の意味の探求へと向かうよう背中を押し、クライエント自らが人生の意味を見つけ出せるよう援助します。意味を最重要視する心理療法であることから、ロゴセラピーの名がつきました。

　ロゴセラピーがもつ特徴は、それに先立って同じウィーンで生まれた二つの学派、すなわちフロイトの精神分析、アドラーの個人心理学と比較すると、より明瞭になります。

　すでにふれたように、フロイトは精神分析では欲動、中でも性的欲動に重きを置きました。欲動は快楽を獲得するために始終活動します。これに対して人類は、この破壊的な欲動を抑制するために文化を創造しました。ところがこの文化と人間の本能の間で軋轢が生じて、人は精神的病にかかります。このような理論を説いたフロイトの第一学派についてフランクルは、その立場を「快楽の意志」と呼びました。

　一方、フロイトの欲動に対してアドラーが注目したのは、人がもつ劣等感でした。人間は社会的存在であり集団の中で生きることが宿命づけられています。集団での生活は、自分と他者を比較することを強います。するとそこに劣等感が芽生えます。この劣等感を克服して他人に優越しようとする力が正しい方向に働けば、人は成長できるとアドラーは考えました。フランクルは、第二学派が説くこの劣等感を克服しようとする力を「権力への意志」と呼びます。

この第一学派と第二学派の主張に対し、フランクルが唱えたのが「意味への意志」です。実存としての人間は、自ら選択する存在であり、そこから逃げることはできません。生きるその瞬間その瞬間において、人生の問いが実存に突きつけられます。この問いに答え続けて意味を作り出していく存在こそが、フランクルにとっての実存としての人間です。そして、人生から問われ続ける人間がもつ右のような態度、これがフランクルの言う「意味への意志」です。ウィーンの第三学派が念頭に置くこの人間観は、「フランクル的実存」と表現しても差し支えないと思います。

そういう意味でロゴセラピーは、クライエント自身がフランクル的実存であることに気づき、クライエント自らが人生に意味を見出すよう、心理療法家が背中を押す手法だと言えます。ロゴセラピーが人間性心理学の特徴である実存主義的態度を色濃く有していることがよくわかります。

●強制収容所での過酷な体験

１９３０年、フランクルはウィーン医科大学で医学博士の学位を取得し、ウィーン大学精神医学病院で働き始めます。さらに神経学の勉強をしたあと、アム・シュタインホーフ精神病院に勤務します。自殺者病棟の主任医師としてフランクルはここで４年間過ごしました。

１９３７年、フランクルは精神・神経科の専門医として開業します。ところが、開業から数ヶ月後の１９３８年3月、ナチスドイツの軍隊がオーストリアに侵攻します。やがてフランクルはロートシルト病院の神経科主任に就任しますが、先行きの不安からアメリカへの出国ビザを申請します。しかし許可はなかなかおりません。ようやくビザがおりたのは１９４１年のことで、アメリカが第二次世界大戦に参戦する直前のことでした。しかし、ビザはフランクルのものだけで、出国すれば両親を置き去りにすることになります。悩んだ末、フランクルは出国ビザを使わずに、ウィーンに残る決断をしました。

１９４１年12月、フランクルはティリー・グロッサーと結婚します。しかし、それからわずか９ヶ月後、２人はテレージエンシュタット収容所に抑留されました。抑留が目前に迫る中、フランクルは初めての著作『医師による魂の癒し』の初稿を書き上げています。この作品は、フランクルがロゴセラピーとは何かについて書いたもので、彼にとって命と同じほど大切なものでした。フランクルは草稿をコートの裏地に縫い付けて、抑留先でも肌身離さずにいました。

それから2年後の１９４４年、フランクルはあのガス室で悪名の高いアウシュヴィッツ収容所に送られます。フランクルはアウシュヴィッツに着くと、衣服はおろか最後に残ったわずかな所有物も没収されてしまいました。このときコートの裏に縫い付けてあった原稿もフランクルの手を離れてしまいます。

幸いその後、フランクルはテュルクハイム収容所に移送され、ガス室行きは免れました。しかし、ここでフランクルは過酷な強制労働に従事させられます。１９４５年3月、フランクルは同収容所で発疹チフスにかかり生死をさまよいます。

同月26日、40歳の誕生日を迎えたフランクルに、囚人仲間がちびた鉛筆とナチス親衛隊の用紙数枚をプレゼントしました。病中のフランクルは、没収されてしまった『医師による魂の癒し』を再び執筆することを決意し、高熱にうなされながらも用紙の裏にキーワードを走り書きしました。生死をさまよう中でフランクルがとったのは、原稿を再び執筆すること、言い換えると最後まで諦めずに生きる意味を問うことでした。この新たな目標、すなわちフランクルにとっての人生の意味が、奇跡的にも発疹チフスから彼の命を救います。フランクルはこう言います。

私自身について言えば、失った草稿を再構成しようという決意が、明らかに私を生き残らせたのだと確信している。その作業に取りかかったとき、私は発疹チフスにかかっていたが、血管虚脱で死なないために、夜も寝ないでいることにした。

『フランクル回想録』Ｐ１３１

著作を世に問うこの挑戦、自ら定めた課題をやり抜こうとする試みが、少なくとも彼はそのように信じていたということです。フランクルを生き残らせました。

●意味への意志と人の末路

フランクルは、生きる意味に対する人生からの問いが、人の命を救う例を、自分以外についても目撃しています。フランクルによると、強制収容所では自殺を図った者を救うことは厳しく禁止されていました。よって、あらかじめ自殺を思いとどまらせることが大事で、もともと自殺病棟の精神科医だったフランクルは機会があるごとにその相談にのりました。

収容所に2人の自殺願望者がいました。彼らは「生きていることにもう何も期待がもてない」とたびたび口にしました。彼らに対してフランクルは、「生きていれば、あなたたちを待っている何かがある」と力説し、2人に自殺を思いとどまらすことに成功しました。

実際、1人の自殺志願者には、自分の帰りを待つ、目に入れても痛くないほど愛している子どもがいました。また、もう1人の自殺志願者は研究者で、あるテーマの本を数冊書いていましたが、まだ完結はしていませんでした。この仕事を完遂されることが、彼を待ちわびていたのです。2人は、人生の問いのコペルニクス的転回によって助けられたわけです。フランクルと同じく、人生の意味への意志が、2人に再び生きる力を与えたということです。

フランクルは言います。

自分を待っている仕事や愛する人間にたいする責任を自覚した人間は、生きることから降りられ

ない。まさに、自分が「なぜ」存在するかを知っているので、ほとんどあらゆる「どのように」にも耐えられるのだ。

『夜と霧』P134

その一方でフランクルは、人生の意味への意志を失った人が崩壊していく姿もその目にしています。かつて著名な作曲家で台本作家だったFという人物が、ある日フランクルにこんなことを言いました。夢のお告げがあって、戦争が終わる日がわかったというのです。フランクルはその日がいつなのか尋ねました。

「3月30日……」

これがFの答えでした。

フランクルがFとこの会話を交わしたのは3月初めのことでした。Fは夢が正夢になると強い期待を寄せていました。しかし、期日が近づくにもかかわらず、収容所に入ってくる軍事情報によると、3月中の解放はほとんど不可能です。

3月29日、Fは突然高熱を発して倒れました。夢のお告げだった翌30日に危篤となり、31日にFは死んでしまいました。死因は発疹チフスでした。

Fは、3月30日に人生の意味、つまり解放という意味を見出していました。しかし、意味が現実にならないことがわかると落胆し、すでに潜伏していた発疹チフスに対する免疫が急速に低下した結果死に至った、とフランクルは分析しています。人間が人生の意味への意志に対する希望や勇気を失うと、肉体の免疫も恐ろしいほど低下することがFの例からわかります。

●ニヒリズムに対する反論

1945年4月、テュルクハイム収容所に白旗がひるがえり、フランクルら収容者は抑留から解放されました。同年8月、ウィーンに戻ったフランクルは、アウシュヴィッツで別れた妻ティリーが、イギリス軍による解放のあとにもかかわらず、ベルゲン＝ベルゼン強制収容所で死亡したことを知ります。両親や兄も強制収容所で命を失いました。

フランクルは、すべてを忘れるかのように『医師による魂の癒し』の完成に没頭します。このとき、収容所でのメモが大いに役立った、とフランクルは述べています。フランクルの口述を速記文字で書き取り、それを3人のタイピストが活字にしました。1946年、念願の著作『医師による魂の癒し』が出版され、ロゴセラピーの理論が初めて広く紹介されることになりました。

フランクルのロゴセラピーは、強制収容所の体験が下敷きになっている、と言われることがあります。しかし、この主張は間違っています。ロゴセラピーの基本的な考え方は、抑留前に『医師による魂の癒し』の草稿が出来上がっていたことからも明らかです。ただし、フランクルの抑留体験が、ロゴセラピーに何ら影響を与えなかったわけではありません。

というのもフランクルは、「ただ今度は、自分の理論に——それがアウシュヴィッツのような限界状況ですら妥当するという――具体例を添えて証明する分が付け加わっただけである」（『フランクル回想録』Ｐ１３１）と書いているからです。本章の冒頭で、「フランクルの抑留生活がロゴセラピーの正当性を証明するのに結果として役立った」と書きましたが、まさにフランクルは強制収容所という極限状態での経験を通じて、ロゴセラピーの正当性、つまり人は人生の意味への意志によって生きるのだということを、証明したのでした。

さらに同じく１９４６年、フランクルは強制収容所での体験を綴った『ある心理学者の強制収容所体験』（邦題『夜と霧』）を出版します。数週間で書き上げたこの本は、アメリカをはじめ世界中でベストセラーになり、フランクルの名を一躍世界に広めることになりました。

戦後のフランクルが注目したキーワードの一つに「実存的空虚」がありました。これは退屈で無感動な人生に「生きている意味がない」と感じる、現代人の多くが罹患している集団的神経症です。実存的空虚の根底には、ニヒリズムの論理が横たわっている、とフランクルは言います。

ニヒリズムの論理とは、人生の時間は有限であり、人はいずれ死ぬ。だとしたら何をしても無駄であり、人生には意味がない――というものです。もっと身近な例で言うならば、「どうせ腹がへるんだから、食ったたって無駄だよ」、というのがニヒリズムの態度です。

これに対してフランクルは興味深い主張を述べています。

仮に人生の時間が無限だとしたら、人は無限に生きられるとしたら、何かすべきことがあっても、今する必要はなくなります。というのも時間は無限にあるため、いつでも実行できるからです。否、無限に生きていられるのですから、別に何をする必要もありません。何もしなくても生きていられるからです。このように指摘した上でフランクルはこう言います。

人生、すなわち行動の可能性には終わりがあるというまさにその事実が、時間を有効に利用し、行動の機会を無駄にしないことを私たちに強いる。人生と私たちの実存とに、一回きりのものとして意味を与えてくれるのは、死に他ならない。

『ロゴセラピーのエッセンス』P91

この言葉から思い出されるのは、フランクルが4歳の時に考えたことです。「人生の無常さが人生の意味を無に帰してしまうのではないか」との問いに、フランクルは「死こそが初めて人生を有意義なものにする」と結論づけた、と本章の冒頭で述べました。フランクルは4歳の頃すでにニヒリズムに対する反論に達していたわけです。彼が早熟の天才だったことを改めて痛感します。

●フランクルにとっての人生の意味

フランクルは、こうした独自の哲学を背景に、ロゴセラピーを通じて、人生の意味を探している患者を支援し続けました。人生の意味の発見方法は煎じ詰めると三つではないか、というのがフランクルの考えでした。

まず大前提として、人生の意味を問うのではなく、問われているのは自分自身だというフランクル的実存に目覚めることが欠かせません。その上で、人生からの問いに対して、まず、活動で答える態度があります。問われている何かに対して、何らかの行為で応答するということです。たとえば何らかの作品を作り出すのは、問いに対する答えの一つだと言えます。

その際に重要になるのが他人の活動と比較しないことです。特に偉人の仕事と自分の仕事を比較すると、自分の活動や行為があまりにもちっぽけに見えてきます。これが極端になると「やっても意味がない」という、ニヒリズムの罠に陥ってしまいます。

すでに見てきたように、人にはもって生まれた条件があります。その条件を受け入れ、その上で自身がもつ潜在的可能性を実現するために選択するのが私たちです。そういう意味で、与えられた条件の下、自分の持ち場や自分の領域で最善を尽くすこと、この点が肝要になります。

次に、人生からの問いに対して、活動や行為をする存在としてではなく、愛する存在として応答する道があります。これは、美しいものや、偉大なものに身を捧げることで、人生のさまざまな要求を満たす方法です。

そんな流儀で人生の意味を見出せるのか、と疑問に思う人もいるでしょう。この点に関しフランクルは興味を引く思考実験を紹介しています。

コンサートホールに座って大好きな学団のシンフォニーに耳を傾けていると想像してください。いよいよ大好きな一節に入りました。身体内から熱いゆらぎが生じてくるのがわかります。

その瞬間に誰かがあなたに「人生には意味があるでしょうか」とたずねるのです。そのときたった一つの答えしかありえない、それは「この瞬間のためだけにこれまで生きてきたのだとしても、それだけの甲斐はありましたよ」といった答えだと私が主張しても、みなさんは反対されないと思います。

ヴィクトール・フランクル『それでも人生にイエスと言う』P36

芸術に限らず自然やあるいは最愛の人でも構いません。こうしたものに身を捧げることでも、人生の意味を見つけ出せます。

ただし、状況によっては、活動や行為、愛するものに身を捧げることが不可能な場合があります。フランクルの強制収容所での体験はその一例です。しかしながら、フランクルの過酷な経験からもわかるように、避けることのできない苦悩にでさえ、意味を見出す可能性は潜んでいます。これが三つ目の意味の見つけ方です。この点に関してフランクルは次のような例を引いています。

同業の開業医がフランクルの診察を受けました。彼は最愛の妻を亡くして2年が経つものの、その喪失感からまだ立ち直れません。フランクルは開業医に尋ねました。

「もしあなたが先に亡くなっていて、奥様が一人で生きていかなければならないとしたらどうでしょう?」

「そんなことがあっては大変です。妻はどれほど苦しまなければならないことか」

「先生、あなたは奥様がその苦しみを経験しないで済むようになさったわけですね。その代わり、あなたが苦しみを引き受けることになりましたが」

この会話のあと、開業医は静かに立ち上がると、フランクルと握手して診療室を出て行ったといいます。

フランクルは開業医の運命を変えることはできませんでした。しかし運命に向き合う態度を変えることはできました。これこそまさに、フランクルのロゴセラピーが目指したものです。

１９９７年９月４日、フランクルは心臓病で死去しました。享年92でした。フランクルにとっての人生の意味とは何だったのでしょうか。フランクル自身がこう語っています。

他の人たちがそれぞれの人生に意味を見いだすのを手助けすることです。

『フランクル回想録』Ｐ１８０

これが彼にとっての人生の意味でした。まさに「ロゴセラピー＝人生の意味を見いだす療法」とともに生きた生涯だったと言えるのではないでしょうか。

第４章 ロロ・メイ

１９０９年、アメリカ生。１９９４年没。

人間性心理学の中心的メンバーの一人。実存心理学をアメリカに紹介し、アメリカ実存心理学の父とも呼ばれる。結核にかかり生死の境目をさまよい、この体験がメイの哲学に色濃く反映される。主な著書に『失われし自我をもとめて』『愛と意志』など多数。

●アメリカ実存心理学の父

学会誌「人間性心理学ジャーナル」の創刊（１９６１年）や人間性心理学会の創設（１９６３年）に中心的な役割を果たしたロロ・メイは、それらに先立つ１９５９年、アメリカ心理学会のシンシナティ会議において「実存心理学シンポジウム」を企画しました。このシンポジウムには、のちに人間性心理学を形成する心理学者が顔をそろえました。

その中には、アブラハム・マズローやカール・ロジャーズをはじめ、アメリカ心理学会の巨人と呼ばれたゴードン・オルポート、死について深く考察したハーマン・ファイフェルらがおり、それぞれが論文を発表しています。

また、この企画に興味をもったランダムハウス出版社は、メイに論文の出版をもちかけて、1961年にロロ・メイ編『Existential Psychology』として出版されました。日本では翻訳版が『実存心理学入門』として1966年に出版されています。

実存心理学は、哲学における実存主義の考え方を基盤に、人間を「今－ここ」に現実としてある、ユニークな1回限りの現実存在すなわち実存として考え、この実存と向き合って、その生を生き抜くことを援助する心理学的立場を指します。

実存主義については第1章ですでにふれました。ここでは、実存主義における重要なキーワードである「本質」を交えて、別の角度から実存主義について考えてみましょう。

本質とはあるモノにある、他のモノと区別する何かです。ですから、本質を問うとは「〜とは何か」を問うことです。一方、実存とは「いまここにある」という性質です。

そもそも、私という人間の本質は、あらかじめ定義されたものではありません。私がいかなる存在になるのか、どのような存在を目指すのか、私の人間としての本質は自分自身で作り上げてゆかねばなりません。つまり、人間存在を考えた場合、サルトルが主張したように「実存は本質に先立つ」わけです。

もっとも、本質を極端に軽視したサルトルに対して、あらゆる実存主義者が同様の立場を取ったわけではありません。メイをはじめとした実存心理学者もそうです。彼らは、本質に相当する、客観的で一般的な真理や法則の重要性も十分に認識していました。しかしその上で、実存を「個人のもつ可能性の独自の型」ととらえ、「これらの可能性は、部分的には他の個人のものと共通しているが、どの場合でも、特定の個人に独自な型をかたちづくっているものである」(『実存心理学入門』P27～28)と考えます。条件付きながらも、やはり「実存は本質に先行する」がその根底にあるようです。

アメリカにおける実存心理学は、学派やグループとして成立することはありませんでした。この点に関してメイは、「心理学や精神医学において、『実存』という言葉は、特殊の学派とか、グループというより、むしろ一つの態度を、人間への一つのアプローチを意味している」(『実存心理学入門』P17)と述べています。

メイの発言からも、マズローやロジャーズなど、人間性心理学会を形成する著名心理学者が、「実存心理学シンポジウム」にこぞって参加したこともうなずけるでしょう。第1章で見たように、人間性心理学の態度は実存主義を基礎とするものでした。つまり実存心理学は、人間性心理学と重複する領域がかなり広いわけです。あるいは、両者はコインの表裏だ、とまで言えばちょっと言い過ぎでしょうか。

メイ自身は、実存主義的な心理学をヨーロッパで学びアメリカに紹介しました。そのためメイは、

「アメリカ実存心理学の父」とも呼ばれています。また、人間性心理学の第一人者としても活躍しました。以下、本章では、ロロ・メイが重視した「美」「不安」「ダイモニックなもの」という鍵となる概念を通じて、彼が展開した人間性心理学あるいは実存心理学について、その一端を紹介したいと思います。

●メイの人生を変えた美的体験

1909年4月21日、ロロ・メイは米オハイオ州エイダで生まれました。一家は6人の子どもをもうけましたが、メイはその第一子でした。家庭の環境は大変複雑だったようで、両親は離婚し母親はしばしば育児を放棄しました。また、6人の子どもには精神障害をもつ妹がいました。そのため、少年時代のメイには大きな負担がかかったようです。

ミシガン州立大学およびオバーリン大学で英語学を修めたメイは、1930年にギリシャに向かい、サロニキ市にあるアナトリア大学の英語教師に3年間就いています。このギリシャ滞在時に、メイはアルフレッド・アドラーのセミナーに参加するために、たびたびウィーンへ足を運んでいたようです。

帰国後、ユニオン神学校で神学を学び、牧師になるものの、1940年には心理学を勉強するためにニューヨークのコロンビア大学に入学しています。メイが31歳のときです。しかし、1942

年、結核にかかりサナトリウムで18ヶ月もの療養を余儀なくされました。半死半生の瀬戸際から一命をとりとめたメイは、心理学の学位をとるため大学に戻り、１９４９年にコロンビア大学で心理療法の博士号を取得します。実にメイが40歳の時です。

この間にメイの人生を変える大きな出来事が少なくとも二つありました。一つはギリシャであった体験、もう一つはサナトリウムでの経験です。いずれもメイの思想に深く影響を及ぼします。

ギリシャの大学に英語の教師として赴任して２年目の１９３１年、メイは強烈な孤独感に苛まれました。孤独感を紛らわすためにメイは必死で働きました。しかし、働けば働くほど、自分が信条としてきた価値観や原則、規則が、生徒たちにまったく通用しないことがわかり、孤独感はますます募るばかりでした。そして２年目の春には神経衰弱に陥ってしまい、２週間の休暇を余儀なくされます。

この休暇中のある日、メイが滞在先にあった丘を歩き回っている時、偶然、一帯を埋め尽くしている野性のヒナゲシを目にします。あまりの美しさに圧倒されたメイは、宿屋に戻って紙と鉛筆を借り、ヒナゲシの大群の間にひざまずき、スケッチを始めました。

その時メイは、次のことに気がついたといいます。

私は、自分の内面の声に耳を傾けていなかったことに気づきました。その声は、美について私に話しかけようとしていたのです。あまりにも一生懸命になって、あまりにも「考えすぎて」

いたので、ただ花を見るということをしていなかったのです！

ロロ・メイ『美は世界を救う』P12

さらに、その年の6月、メイはウィーンの北方にある保養地ゼメリングであった、アルフレッド・アドラーのセミナーに参加したあと農民美術を研究するグループツアーに加わり、中央ヨーロッパの村々を訪ね歩きました。メイが感嘆したのは、行く先々での村人の衣裳です。彩り鮮やかな衣裳には、どれも複雑な刺繍が施されており、一見同じように見えるものの、一つひとつが違っていてユニークなものでした。

こうした春から夏にかけての美的体験を契機に、メイの美や美術への献身が始まります。しかもこのお陰で、9月にサロニキの大学に戻る頃には、メイは孤独感からも解放され、まるで別人に生まれ変わっていました。

のちにメイはこのように語っています。

美術とサイコセラピィの間にはおどろくほどの類似点があるのですが、私の人生では、美術もサイコセラピィも、同じ源から起こってきたのです。そのいずれにおいても、新しい形式《フォーム》というものは、観念からではなくて、深層の体験から生まれてくるのです。

『美は世界を救う』Pi

メイ自身も趣味で絵を描きます。美と心理療法について書いた晩年の著作『美は世界を救う』には、メイの自筆によるスケッチや水彩画が多数掲載されています。メイが言うように絵を描くとは新しい形式を創造することです。

それが何故、心理療法と類似点があるのでしょうか。

心理療法にとっての「新しい形式《フォーム》」の創造とは、クライエントが従来の適切でない生き方に対して、新たな態度を見つけ出すことです。心理療法によって生じる人生に対するこの新たな態度、これはその人にとっての「新しい形式」だと言い換えられるでしょう。このように「新しい形式」を創造する点で美術と心理療法は共通する特徴をもちます。

実際、メイ自身が、美的体験を通じて人生に対処するための「新たな形式」を創造し、再スタートを切ることに成功しました。メイが「私の人生では、美術もサイコセラピィも、同じ源から起こってきたのです」と言う時、その源とはギリシャで遭遇した野生のヒナゲシだったことに間違いないでしょう。ヒナゲシとの遭遇は、マズロー風に言うならば、メイにとっての至高経験だったに違いありません。

●結核サナトリウムでの体験

メイの人生を変えたもう一つの重要な出来事とは、死の病と言われた結核によりサナトリウムでの療養を強いられた18ヶ月間でした。当時、メイの病状は、生きるか死ぬか半々の確率だったといいます。

メイの代表作の一つ『失われし自我をもとめて』の中でメイは、人間が大幅に制約を受けている状態の一例として結核を患っている場面を想定し、この制約状況を通じて人間の自由について考えています。おそらくこの個所は、サナトリウムの病床でメイが体験したことを下敷きにして書いたものに違いありません。

結核にかかりサナトリウムにいる患者が、病気という現実に対するかかわり方はさまざまだ、とメイは言います。その上でメイは、患者には大きく三つの態度があると述べています。

第一に人生を断念するか自暴自棄になって、文字通り自らの死を招く患者です。第二に、医者からやるように求められたことは何でもやりますが、「神」が与えた病気という事実に憤慨し、自分の人生を呪う患者です。

これに加えてメイは第三のタイプを掲げています。この第三のタイプの患者は、病気だという事実に直面し、この悲劇的事実を意識の中に沈ませ、新しい自己認識への道に生かします。決定的な事態にあっても、なおかつ自分には、自分なりの型を形成できるという根本的な自由があることを確認します。決定的な事実において、困難な制約下において、それでも人としての自由が侵されていない事実に気づきます。

いかがでしょう。この第三のタイプの患者は、強制収容所という極限の状態にあっても、人生の意味を意志する自由が潜んでいると考え、そのとおりの人生を歩んだヴィクトール・フランクルの態度と酷似していると思いませんか。

もちろん、メイがサナトリウムでとった態度は第三のタイプでした。この体験からメイが導いた答えはこうです。

すなわち自由とは、自己自身を形造り、創造できる力である。ニーチェのことばを用いれば、自由とは、「われわれが真実あるところのものになることである」(to become what we truly are)。

ロロ・メイ『失われし自我をもとめて』Ｐ１７８

自ら可能性を選び取れること、そこに人間の自由があります。しかし一方で、自由とはあまりにも苛烈なものです。幾度となくふれているように、自由意思で選択した結末については、自分自身が責任をもたなければならないからです。そのためメイはこうとも言います。

自由の中で、着実に、辛抱強く成長してゆくことは、おそらく、すべての中で、もっとも難しい仕事であり、もっとも大きな勇気を必要とするものである。

『失われし自我をもとめて』Ｐ２５３

生死の確率が半々のメイは、病床で強い不安にさいなまれたに違いありません。それでも自由を自覚し、辛抱強く成長するために、勇気を振り絞って不安と対峙したのでしょう。そういう意味で勇気とは、不安と正面から向き合える能力だとも言えるわけです。

●不安と正面から向き合う

1949年にコロンビア大学で心理療法の博士号を取得したメイは、エール大学やコロンビア大学、ハーバード大学の教壇に立ちます。その一方でメイは、精力的に著作を世に送り出します。当時のメイが関心を抱いていたのは、空虚感や孤独、そして不安といった、人間の実存に関するものでした。このあたりも実存的空虚に着目したフランクルとの類似性を指摘できるでしょう。

もっとも、とりわけ実存的空虚について深く考察したフランクルに対して、メイが追求したのは現代人がもつ不安でした。これは結核サナトリウムでの体験が影響を及ぼしていると考えるのが妥当ではないでしょうか。

メイは不安と恐怖は別ものとして峻別します。恐怖は、何が自分を脅かしているのか、それを見定められるという特性をもちます。対象がはっきりしているため、たいていはその危機克服に向けてしかるべき処置を取れます。

これに対して不安は、対象がどこにあるのかはっきりせず、不明瞭でぼやけた何かにとらわれ、圧倒されている状態を指します。そのため対処の方法がよくわからないという特徴があります。

この不安も大別できます。一つは神経症的不安、もう一つは正常不安です。前者の神経症的不安とは、たとえば存在しない幽霊に不安を感じるようなもので病的な症状だと言えます。神経症的不安に対しては、その人が怖れている対象を明瞭にし、正常不安かあるいは恐怖として乗り越える必要があります。

神経症的不安は万人がかかるものではありません。しかし、もう一方の正常不安は、誰もが人生の途上で繰り返し体験するものです。たとえば、来年に大学入試や就職を控えている学生は、将来に対して何とも言えない不安を感じるでしょう。現役のサラリーマンは今の職場で働き続けられるのか漠然とした不安を感じるでしょう。婚期を控えた女性は、生涯の伴侶を得られるのか不安を感じるでしょう。

これらはいずれも正常不安です。そして、これら現代の不安の多くに共通するのは、自分自身がもつ潜在的可能性に対する恐怖や、その恐怖が生み出す葛藤から生じているのではないか、とメイは考えます。この葛藤とは、その人がまだ現実化していない可能性と、現在の自分との複雑な闘争だとも表現できます。選択の決断は待ったなしです。しかし結果に対する責任を負うのは自分自身です。この実存における葛藤から不安が生じます。

以上のような性格をもつ正常不安ですが、一般には負の要因として神経症的不安と一括りにされます。しかし、正常不安には積極的で望ましい側面がある、というのがメイの立場です。正常不安があるということは、人間の内面で何かの葛藤が生じていることを意味します。だとすれば、その葛藤の原因を探り出すことで、問題を解決する可能性も見出せるでしょう。その先には人間としての成長があるはずです。

そこでメイは、葛藤と対峙するために自我意識の強化を重視します。

> 不安というものがわれわれの自己認識を亡ぼしてしまうものであるのとちょうど反対に、自我認識こそまた、不安を消し去ることができるものである。いわば、自我の認識が強くなればなるほど、それだけ不安は《ママ》対抗し、不安に打ちかつことができるようになるのである。
>
> 『失われし自我をもとめて』P39

このように、自我意識の強化を通じて不安の解消に積極的に取り組み、これをテコにして人間的成長を目指す点が、ロロ・メイによる実存心理学の大きな特徴になっています。

●自我意識を強化するということ

自我意識の強化と表現すると、どこかエゴが強い、いわゆるエゴイスティックな人間を目指すかのように聞こえます。しかし、一般にエゴが強いというのは、周囲を顧みない自己中心的な態度であり、自我意識の強化が目指すゴールとは別物です。
メイが言う自我意識の強化とは、自分の回りに生じる混乱や戸惑いに耐え、それらを果敢に乗り越えていく、自己の中にある力の中心です。この自我意識の強化は、著作『失われし自我をもとめて』の主題にもなっています。同書でメイは、自我意識がもつ特徴について次のように列挙しています（P84〜86）。

自我意識とは、あたかも外側からのように、自己自身を客観視する能力のことで、人間を人間たらしめている特性です。

自我意識は、自我と外界を区別します。これにより人は、現在という時点に立って過去を振り返ることができます。人類は歴史を振り返れる点で「歴史的哺乳類」と言えます。

自我意識は、人間のシンボル使用能力の基礎になります。かくして人間は「美」や「理性」、「善」などの抽象的な概念でものを考えることができるようになります。

自我意識は、他者の目で自己を見つめ、他人に共感できることです。この能力により、人は倫理的感受性をもち、理想のためにあえて死をも顧みないだけの力を生み出します。

自我意識は、思考・直観・感情・行動の統一体として自己自身を経験します。

そして、自我意識は、以上の総計ではなく、これらの役割を演じていることを理解しています。いわば自我は一種のセンターであって、自分自身のいろいろな側面を観察し認識します。そこから派生する意識が自我意識です。

自我意識が自我と外界を区別し、自己自身を客観視する能力だとすると、自我意識の強化とは、より信頼に足る自分自身を作り上げることだと言えます。自分自身に信頼を置けるのなら自信もわいてきます。自信とは自我意識が強化されたときに噴出する感情だからです。

それでは、より信頼に足る自分自身を作り上げるにはどうすべきか。

またここに戻ってきました。それは自分自信がもっている潜在的可能性をできる限り発揮することです。マズロー風に言うならば自己実現的人間であることを可能な限り追求することです。メイはこう言います。

すべての生物体はそれぞれ生涯かけてのただ一つの欲求をもっている。それは自己自身の潜在力の実現という欲求である。どんぐりは柏の木になり、仔犬は成長して一人前の犬になり、その犬にふさわしい飼い主との愛情のこもった忠実な関係を結ぶ。そしてこれが柏の木や犬の求めている総てである。しかし自己の本性を実現するという人間の仕事は、もっとはるかに至難のわざである。というのは、人間は、自覚の上に立って自我の実現をはからねばならないからである。

『失われし自我をもとめて』P95

あらゆる有機体は自身がなり得るものになる傾向があります。環境が整えばどんぐりは立派な柏の木になりますし、仔犬は飼い主に忠実な犬になります。しかし、人間はちょっと違います。

同様の観点についてはは幾度となくふれていますが、とても大事なところなので繰り返しましょう。人間は樹木のように自動的に成長するものではありません。自身が所有する潜在的可能性について、自我意識をとおして自ら判断し、選択し、その結果に責任をもたなければなりません。これが実存としての人間の宿命でした。したがってそこでは、人間がその人自身であること、唯一のユニークな存在として徹底的に生き抜くこと、まさに実存主義的な生き方が問われます。

問題はこの潜在能力の実現に失敗する場合があるということです。さらに問題なのは失敗に怖じ気づいて潜在的可能性の探究を止めてしまうことです。

人が全然歩かなくなったら、歩行能力が失われるでしょう。これと同様で、もし人間が自分のもつ潜在的可能性の実現に努めないのなら、人間はそれだけ萎縮し、病気になってしまいます。メイは、これこそが神経症の本質だ、と主張するほどです。

メイは、潜在能力の開発を取り止めた人間の末路を、チェコ出身の小説家フランツ・カフカの傑作『変身』に登場する主人公グレゴール・ザムザに見出しています。空虚な生活を繰り返していたザムザは、ある朝、目が覚めると、１匹の虫に変わり果てていました。

メイはこの虫をアブラムシではないか、と指摘します。アブラムシは生物体の食い残しに寄生する、たいていの人が忌み嫌う生物の代表です。「ここから人間が、人としての自己の本性を放棄するときいかなる事態が生ずるかを、これ以上明確に示してくれるシンボルがほかにあろうか」（『失われし自我を求もとめて』Ｐ98）とメイは書いています。

逆に、人間が自己の潜在能力を実現すると、そこに喜びが生じます。それはそうでしょう。先にも書いたように、人がもつ潜在的可能性の実現は、信頼に足る自己を作り出します。これは自分自身に対する自信となり、喜びの感情と直結します。

●ダイモニックなものとは何か

この自我意識の強化とのかかわりで是非とも押さえておかなければならないのが、メイの示す「ダイモニック（daimonic）なもの」という考え方です。このダイモニックなものは、メイの実存心理学における重要なキーワードの一つになっています。

メイはダイモニックなものを、「全人間を捕えてはなさない力を持った何か自然にそなわった機能である」（ロロ・メイ『愛と意志』P168）と定義した上で、セックスとエロス、怒りと激怒、権力への憧れなどを例示しています。これらダイモニックなものに共通する特徴とは、それらが創造的にもなれば破壊的にもなるという点です。つまり、創造と破壊、積極的と消極的、悪魔的と神的、これら両面の要素をもつのがダイモニックなものです。

人間を捕らえて放さないダイモニックなものが、盲目的な推進力として経験されると、自我と身体の関連や統一は破壊されてしまいます。これを「ダイモン憑き」と呼びます。ダイモンに憑かれた人とは、暴力や殺人、悲惨な戦争を繰り広げた人々を想起すれば充分でしょう。

そのため、ダイモニックなものを放し飼いにするのは非常に危険です。人間の自我意識によって方向づけ、あるいは水路づける必要があります。これはダイモニックなものを抑圧するのではなく、飼いならすことを意味します。それというのも、ダイモニックなものは破壊的であると同時に創造的であり、その意味でエロスの一部となるからです。

一般にエロスとは単に性的なものだととらえられていますが、これは大きな間違いです。古代ギリシャ神話によると、世界が不毛で、生気を失っていた時、「手にしていた矢と炬火《たいまつ》とですべてのものを刺したり生気を与えたりして、生命と歓喜を生みだした」（トマス・ブルフィンチ『ギリシャ・ローマ神話』Ｐ23）のがエロスでした。いわば、生命の精を与える存在です。メイは、神話学者ジョゼフ・キャンベルの見地を踏襲しながら、「エロスは、どんな姿をしていようともつねに、生命がそこから出てくるいのちの先祖であり、根源的創造者である」（『愛と意志』Ｐ92）とエロスを説明しています。このことから、ダイモニックなものを単純に抑制するということは、創造の根源を弱体化させることに通じます。

潜在的可能性の実現あるいは自己実現には創造性が欠かせません。そもそも自分自身を形作るとは創造的な行為だと言えます。そうだとすると、創造性の源であるダイモニックなものに捕らえられるのではなく、ダイモニックなものと勇気をもって対峙して、自我へ統合することが欠かせません。これは集合無意識を提唱した心理学者カール・グスタフ・ユングが主張したアニマまたはアニムスとの統合と通じるものだ、とメイは指摘します。

ユングは、人間が拒否している否定的な面が反対の性の姿をとると考えました。男性の場合はアニマ、女性の場合はアニムスです。アニマ、アニムスのいずれにも、敵意や暴力などの負の面と、生命や魂の吹き込み、活気づけなどの正の面があります。ユングは人がもつこのアニマやアニムスを統合することでより豊かな人格を形成すると考えました。

メイはダイモニックなものが、男性の場合はアニマであり、女性の場合はアニムスである、とは断言していません。しかし、ダイモニックなものとアニマ・アニムスの距離は、非常に近いように思えます。

●ダイモニックなものを人間化する過程

ダイモニックなものはいわば、善悪の彼岸にあります。ですからそれ自体は悪いものではありません。しかしながら、ダイモニックなものが適切に用いられるのは、人が確固たる自我意識をもってのことです。自我意識が欠如していると、ダイモニックなものは盲目的かつ無分別に活動を始めます。

実際ダイモニックなものは、最初、盲目的推進力で人を支配します。これは幼児期の子どもを見ればわかるでしょう。しかしやがて子どもは、あらゆる望みが聞き入れられるわけではないことを理解するようになります。こうしてダイモニックな衝動は、社会がもつ文化的規範によって抑制され変容されてゆきます。この過程は、無意識の欲動が文化によって抑圧されるという、フロイトの指摘と軌を一にするでしょう。

しかしながら、ダイモニックなものが抑圧されたままだと、ある時何らかの形、たとえば暴力や殺人、戦争などといった形をとって噴出する傾向があります。これは社会にとって大変危険なことです。そのため人間社会は、こうした事態をあらかじめ想定し、事故が起こる前にダイモニックなものを解き放つ仕組みを用意してきました。

たとえば、かつての日本の農村には、歌垣による男女の出会い、盆踊りによる陶酔、秋祭における祝宴と、ダイモニックなものを発散させる仕組みが備わっていました。社会が取り決めた仕組みの中では、抑制していたダイモニックなものを正当に解放できます。伝統的な人間社会では、このようなカタルシス（浄化）作用をもつ仕組みを通じて、ダイモニックなものが社会に悪影響を与えないよう管理してきました。

しかし、いまや社会がもつ伝統はほぼ根絶やしです。残っていたとしても無形文化財のように、背景にあった精神が忘れられ、様式のみが保存されるに至っています。とはいえ、伝統を喪失したからといって、ダイモニックなものがなくなる訳ではありません。ダイモニックなものを取り扱うための別の方法が必要になるでしょう。

興味深いのは、近年、東京のみならず地方でも参加者が増加傾向にあるハロウィンです。特に東京・渋谷のハロウィンでは、大勢の若者が繰り出して、一部は暴徒化する騒ぎになっています。

ハロウィンがもつ特徴の一つが仮装です。仮装により人は非人格性を手にします。これは、人格的コントロールを一時的に停止して、非人格的なダイモニックなものを自由にさせやすくなることを意味しています。しかも集団の中だと自分の人格はさらに埋没し、ますますダイモニックなものが表面化しやすくなります。やがてこれが暴徒に化すのでしょう。東京・渋谷のハロウィンは、現代におけるダイモニックなもののまさに象徴と言えそうです。それはある意味で「失われた伝統行事」の復活を表現しているのかもしれません。

それはともかく、ダイモニックなものの管理を社会や文化に任せきりでは、人としての成長もありません。そのため、ダイモニックなものをその人自身が飼い慣らす、つまり非人格的だったダイモニックなものを人間的なものにする必要があります。ここでの行為が、ダイモニックなものと対峙し、正しい水路を指し示すことです。その上で、ダイモニックなものを自分自身の行為と創造のエネルギーに変えることです。

さらにメイは、非人格的から人間的に飼い慣らしたダイモニックなものを、超人格的なものにまで昇華すべきだと主張します。たとえば性は、その根底でダイモニックなものです。しかし、性というダイモニックなものを人間的なものにすることで、私たちは愛する人との間にとても豊かな交わりを築けます。

人を愛するということは、愛する人の痛みが自分の痛みとして、また愛する人の喜びが自分の喜びとして感じられることです。この意味で愛とは、その人の人格がパートナーにまで拡大していることを意味しています。愛すること、すなわち人格の拡大は、パートナーから子ども、仲の良い友人、会社の同僚、地域の人々、社会さらには国へと広がることもあり得ます。アルフレッド・アドラーは、このような意識の拡大を共同体感覚と呼びました。超人格的なダイモニックなものとは、その力が個人を超えて、共同体感覚までに拡大することだと考えてよいと思います。

もっとも、この超人格的なダイモニックなものにも、否定的な面が存在することを理解しておくべきです。たとば、憎悪を基礎にしたダイモニックなものが超人格的な特性を帯びることも充分に考えられます。そこで思いつくのが現代のアメリカ社会です。トランプ大統領が政権を握って以来、憎悪による人々の分断が急速に進んでいるように見えます。

１９９４年に他界したメイは、多くの著書の中で、現代社会を鋭く分析していました。メイが生きていたとしたら、現代のアメリカ社会に、どこか不気味で、極端に否定的な面を剥き出しにした、ダイモニックなものの姿を見るのではないでしょうか。

第５章 カール・ロジャーズ

１９０２年、アメリカ生。１９８７年没。

人間性心理学の中心的メンバーの一人。非指示的アプローチ、クライエント中心療法、エンカウンター・グループ、パーソンセンタード・アプローチなどで、現代心理学に大きな影響を及ぼす。主な著書に『ロジャーズが語る自己実現の道』など多数ある。

●極めて厳格な家庭に育って

あえて人間性心理学の二枚看板を掲げるとしたら、やはり一人はアブラハム・マズロー、そしてもう一人はカール・ロジャーズということになるでしょう。中でもロジャーズが提唱した心理学の信奉者は「ロジャーリアン」、またロジャーズの開発した心理療法を「ロジャーリアン・セラピー」と呼びます。マズローに関してはそうした呼称はあまり聞きませんから、人間性心理学におけるロジャーズの及ぼす影響の大きさがわかるというものです。

ロジャーズの心理学あるいは心理療法は、非指示的アプローチからクライエント中心療法、エンカウンター・グループ、さらにパーソンセンタード・アプローチへと発展拡大しました。これにともない、対象も患者から健常人、教育、組織、さらには社会へと拡大してきました。晩年には人種や国家間の融和にも活動領域を広げ、ロジャーズ自身がノーベル平和賞にもノミネートされたほどです。

以下、本章では、ロジャーズ心理学が発展する軌跡をたどりながら、彼が確立した理論や手法について見ていきたいと思います。

カール・ロジャーズは、1902年1月8日、米シカゴに6人兄弟の4番目として生まれました。ロジャーズによると、家庭はとても厳格で妥協のない宗教的・倫理的な雰囲気に満ち満ちていたといいます。

両親は「私たちは他の人たちとは違うのだ」という信念のもと、キリスト教の勤勉の美徳に盲従した生活を送っていました。それは、酒は飲まず、ダンスやカードゲームもしません。劇場に通うこともありません。誰とも付き合いをせず、仕事ばかりしている生活でした。

家族の規則は子どもたちにも徹底され、ロジャーズも幼少の頃から鶏の群れを飼ったり、子羊や子豚、子牛の世話をしたりしていました。友人もおらず孤立した少年として育ちました。家族の価値観に従って育てられた当時のロジャーズは、他人を次のように見ていました。

他の人達は、家では認められない疑わしい行為をしている。トランプをしたり、映画に行ったり、酒を飲んだり、様々のことをしている。口では言えないようなことも。最もいいのは、彼らは無知なのだから、彼らを許容することだ。けれども、彼らと親密に語り合ったりはしないほうがいい。自分の家庭で生きていくことだ。「彼らを離れて我にこよ。」と聖書に書いてあるように。

カール・ロジャーズ『人間尊重の心理学』Ｐ27

そのためロジャーズは、家で兄弟と遊ぶのが最上の楽しみで、家族の間にはとても強い絆がありました。しかしのちにロジャーズは、両親がさまざまな巧妙で愛に満ちた仕方で子どもたちを強くコントロールしていたのだ、ということに気づきます。

ロジャーズの他人に対する傲慢ともいえる態度に変化が見えるのは、１９１９年にウィスコンシン大学の農学部に進んでからのことでした。友人との交流からロジャーズの視野は徐々に広くなってゆきます。当時のロジャーズは、将来、科学的な農場経営の夢をもっていました。しかし、大学２年生になると将来の志望は農業経営から牧師へと変わります。

この大学２年生の時にロジャーズは、中国で開かれた世界キリスト教学生連合会議に、アメリカ代表12名の一人として参加します。これを契機にロジャーズは両親からの精神的な独立を果たし、以後、両親の呪縛から逃れて、自分の信念のもとに人生を切り拓いてゆきます。

1924年、大学を卒業したロジャーズは幼馴染みのヘレンと結婚します。同時に牧師になるためユニオン神学校（のちにロロ・メイもここで学びました）に入学しました。当時、ロジャーズが関心をもっていたのは、「人生の意味や、人が人生を建設的に変えていく可能性」についてでした。ロジャーズはこの考え方を突き詰めていくと、ある特定の宗教上の教義を信じなければならないところで働くことはできない、と感じるようになります。

ちょうどその頃、ロジャーズは、当時発展し始めていた心理学に興味をもつようになり、神学校と通りを隔てた向こうにあったコロンビア大学教育学部で関連の授業を履修します。1926年、ロジャーズは牧師への道を断念し、聴講生から正規の学生になり、心理学者への道を本格的に歩み始めました。

コロンビア大学卒業後、ロジャーズはニューヨーク州ロチェスターにある児童虐待防止協会の児童研究部門の心理職に就きます。1928年、ロジャーズが26歳の時です。ロジャーズによると、心理学の専門家が在席する就職先としては場末であり、専門家仲間との交流もなく、給料も決してよくはなかったと述べています。

しかし、児童虐待防止協会の12年間は、ロジャーズにとってたいへん有意義な時間でした。とりわけ恵まれない子どもや非行少年を対象にした治療面接は、ロジャーズが自身の心理学を打ち立てる上で、大きな財産になります。

1939年、ロジャーズはデビュー作『問題児の治療』を上梓します。また、オハイオ州立大学から声が掛かり、翌1940年には心理学の教授として同校に赴任しました。さらに1942年には第2作『カウンセリングと心理療法』を書き上げて、ロジャーズが効果ありと自認する心理療法を世に問いました。この書籍について当初出版社は、損益分岐点である2000部を売るのも難しいと考えていたようです。しかし蓋を開けると瞬く間に7万部も売り上げるヒット作になりました。以後、ロジャーズの名は、長年の実践的心理学の仕事に裏打ちされた独自スタイルの心理療法家として、その名を世に轟かせることになります。

●非指示的アプローチの誕生

ロジャーズは著作『カウンセリングと心理療法』において、これまでの「患者（patient）」という言葉を取り止めて、「クライエント（自発的な依頼者）」という言葉を用いるようになりました。その上で、非指示的アプローチを主張したのが同書の大きな特徴になっています。

従来の心理療法は、患者の悩みに対して心理療法家が治療のための処方箋を指示するものでした。これは、心理療法家は病気を熟知しており、自分の指示どおりにすれば、患者の病を完治できる、とする態度です。いわば指示的アプローチであり、これが従来の心理療法の王道になっていました。

実際、ロジャーズ自身もこの指示的アプローチの信奉者でした。ロチェスターの児童虐待防止協会の職員になった頃のロジャーズは次のような信条をもっていたと述べています。

個人に対する莫大な量の情報を集めることだ。生育歴、知能、特殊能力、パーソナリティー等に関する情報を。これに基づいて個人の現在の行動を生み出している原因と予後に対する精密な診断様式を作ることができる。それを利用して、（中略）行動を変容するような力強い提案を行おう。そして繰り返し面接してその提案を強化していこう。私自身は完全に客観的で、専門家であり、問題で悩む個人から心理的に遠ざかっていよう。ただ、人間的暖かさというものは信頼関係を築くために必要である。

『人間尊重の心理学』Ｐ33

加えてロジャーズは、「私たちの相談所は修理工場のようなものだ」（『人間尊重の心理学』Ｐ33）と断言していたほどですから、まさに指示的アプローチの権化だったわけです。そのロジャーズが、やがて従来の伝統的療法へのアンチテーゼとも言える、非指示的アプローチの効用を主張するようになります。ロジャーズがこのような見解をもつようになった重要な出来事について、彼自身が語っています。

ロジャーズがロチェスターの児童虐待防止協会で働き出して数年後のことです。当時のロジャーズは、自分が信じる手法で問題児を治療しても、なかなか期待どおりの効果が得られず当惑していました。そんな折り、ロジャーズは問題児を抱えた婦人のカウンセリングを受け持ちました。問題は問題児の幼少期に、婦人が彼を拒否した点にあることに、ロジャーズは気づいていました。ロジャーズは婦人がこの洞察を得るように努めました。しかしうまくいきません。お手上げになったロジャーズは、カウンセリングの打ち切りを婦人に伝え、彼女も同意しました。

婦人がロジャーズの部屋を離れる時です。彼女は振り返ってロジャーズに尋ねました。

「先生、ここでは大人へのカウンセリングを行っておられますか」

「ええ、行っていますよ」

ロジャーズがそう答えると、婦人は再び席について、結婚生活や夫との関係について延々と語り始めました。それは婦人が従来のカウンセリングで語った無味乾燥なケース・ヒストリーとは似ても似つかぬものでした。

結局、婦人のカウンセリングは再スタートとなり、やがて婦人がますます真実で、開かれていくにつれて、夫婦関係は改善されただけでなく、問題児の行動も是正されました。のちにロジャーズは、この出来事から次のような教訓を得ます。

> 何が傷ついているか、どの方向に進むべきか、どの問題が重要か、どんな経験が深く隠されているのか、それを知っているのはクライアント自身である、ということです。私が自分の賢明さや知識を示したいという気持ちを持っていないのならば、クライアントがそのプロセスを自ら変化の方向に向かっていくのを信頼したほうがいいと考えるようになったのです。
>
> カール・ロジャーズ『ロジャーズが語る自己実現の道』P17

つまり、自分の知識でクライエントに指示するのではなく、クライエント自身を信頼して、クライエント自らが変化するよう手助けすること、つまり非指示的アプローチこそが重要だということを、ロジャーズはこの婦人のカウンセリングを契機に学ぶことになります。

●クライエント中心療法とその哲学

ロジャーズは 非指示的アプローチの具体的方法として、クライエントが語ったことに対して「ええ」や「はい」で答える「簡単な受容」や、クライエントが語った感情的な内容を繰り返す「感情の反射」などを掲げました。中でも感情の反射は非指示的アプローチの代表的な技法です。

この技法では、相対するクライエントが今ここで感じていることを、そのまま受け取って評価や偏見を加えずに相手に返してあげる行為を指します。一見、クライエントが言ったことを、心理療法家が単に繰り返しているだけのように見えます。しかし重要なのは、「言葉のくり返し」ではなく、心理療法家が相手の感情を反射する鏡になることです。

ところが、ロジャーズの主張が流布するに従って、非指示的アプローチは歪曲されるようになります。最もひどいのは「非指示的アプローチでは、クライエントが述べた最後の言葉を繰り返せばよい」というものでした。

ロジャーズはこの事態にショックを受けて、以後、非指示的アプローチという語や、オウム返しと誤解された感情の反射という語を使わないようになります。

さらに１９５１年にロジャーズは、著作『クライエント中心療法』を出版し、非指示的アプローチに変わって「クライエント中心療法」を主張するようになります。クライエント中心療法は、その言葉が示すように、心理療法家中心ではなくクライエントを中心とした、クライエントの主体的な判断や決定を尊重してその成長を促す療法です。

ロジャーズは、非指示的アプローチにおいても、心理療法家中心ではなくクライエント中心の立場をとっていました。その意味で非指示的アプローチとクライエント中心療法は軌を一にします。また、用語は使わないとはいえ、ロジャーズはクライエント中心療法の技法として感情の反射を積極的に活用しました。それでは、非指示的アプローチとクライエント中心療法で何が大きく変わったのでしょうか。その答えは背景にある哲学、すなわちクライエントに対する信頼度です。

ロジャーズは、クライエント中心療法の背景にある根本哲学として「実現傾向（actualizing tendency）」を据えました。実現傾向は、人間は本来、成長や健康、適応に向かう衝動をもっているという性善説に軸足を置くものです。変化のための必要にして十分な条件が提供されるならば、人間は自己を理解し、パーソナリティを再構成し、より健康的に成長しようとします。この傾向や能力が実現傾向です。

すなわち、個人は成熟の方向へ向かって変化していく力と傾向を自らのうちに持っており、そし

てそれらが明らかに現れていない場合でも、その力と傾向は個人の中に潜在している、と。適切な心理的風土の中では、こうした傾向は解放され、潜在的なものというよりも現実的なものになる。

『カール・ロジャーズの自己実現の道』P37

クライエント中心療法では、このようにクライエントが潜在的にもつ実現傾向に全幅の信頼を置きます。その上で心理療法家は、クライエントが自分自身で問題を解決できるよう援助することを目指します。この点が非指示的アプローチと一線を画す大きな違いになっています。ロジャーズは実現傾向のたとえとして、少年時代に目撃したジャガイモについて好んで取り上げます。

ロジャーズ一家の地下室には、冬の食用にジャガイモが貯蔵してありました。その地下室には、ジャガイモの貯蔵場所から2メートル上に小さな窓がついていました。地下室はジャガイモの成長にとって悪条件もいいところです。しかし、条件が悪いにもかかわらず、ジャガイモは芽を吹きます。そして、哀れなひょろ長い芽は、窓の光に向かって伸びてゆき、その丈は60センチや90センチにもなりました。それは健康な緑色とは似ても似つかぬ青白いものでした。しかし生命はたとえ大いに栄えはしなくても、諦めることをしません。それは、「生命体の基本的志向性の必死の表現」(『人間尊重の心理学』P113)だと言えます。あるいは、生命が自己を実現せんがための必死の努力とも言えます。ロジャーズはこの実現傾向を人間に内在する基本的な動因として絶大なる信頼を置きました。

しかし、ロジャーズの変貌振りには驚かされます。非指示的アプローチより前のロジャーズは、いわば性悪説の信奉者でした。患者は修理が必要であり、自らは自分自身を治せません。修理するのは心理療法家です。このような態度をとっていたロジャーズが、いまや方針を180度転回させました。さしずめ心理療法におけるコペルニクス的転回です。

また180度転回したということは、従来の心理療法の代表であるフロイト派と好対照をなすことが容易に想像できるでしょう。フロイトはありのままの人間を放置しておけば、欲動の活性化により破壊、姦淫、人殺し、犯罪が起きると考えました。典型的な性悪説です。クライエントの実現傾向に信頼を置くロジャーズのクライエント中心主義と鋭く対立することがわかるでしょう。

しかも、クライエント中心療法は、細部のテクニックはともかく、他の心理療法にも浸透し、いまやセラピーにおける常識にさえなっています。その意味でロジャーズがとったコペルニクス的転回は、世界の心理療法に多大な影響を及ぼしたことになります。

●ロジャーズの心理療法における基本原則

1954年、ロジャーズはオバーリン大学の講演で、自らが主張する心理療法の基本原則を簡潔に述べています。この講演原稿をもとにした文章が、1961年に出版した著作『ロジャーズが語る自己実現の道（On Becoming a Person）』に、「人間的成長の促進に関するいくつかの仮説」

（1954年）として掲載されています。

この論文によると、ロジャーズが心理療法家になった当初、どうすれば患者を処置できるか、あるいは治療できるか、変化させられるか、と問い続けてきたといいます。しかしいまやこの問いは変化し、「いかにして私は、この人が自分の人間的成長のために活用できるような関係を提供することができるのだろうか」（『ロジャーズが語る自己実現の道』P35）に変わったと述べています。

文言こそ出てきませんが、これはクライエント中心療法への転回を示しています。そしてロジャーズは、クライエント中心療法において、心理療法家がクライエントと結ぶ関係を援助的関係と呼びました。

この援助的関係を構築するには、実践すべき三つのことがある、とロジャーズ言います。

第一に「私自身が純粋であるほど、関係は援助的になる」（純粋性）ということです。これは自分自身が透明であること、俗な表現をすると、表裏がないことです。そして、表裏がないことがクライエントにも手に取るようにわかるよう努めます。ありのままの自分と一致していることから「純粋性＝一致」とも呼ばれます。

第二に「相手を無条件に受け入れて配慮を寄せる」（受容）ということです。クライエントは、恐れや混乱、苦痛、誇り、怒り、憎しみ、愛、勇気、畏怖などさまざまな感情を表に出すでしょう。心理療法家がこれに対して、肯定的で、受容的な態度を持っている時、クライエントには治癒的動きや変化が起きやすくなります。

第三に「相手が見ているまま感受性豊に共感する」（共感）ということです。これは共感的理解とも呼ばれるものです。クライエントがその瞬間に体験していることを、共感をもって理解することです。そうすることで初めて共感も意味をもちます。

この三つの態度で相手の声を「傾聴」することで、クライエントの内面的成長、パーソナリティの建設的変化を支援できるというのが、ロジャーズの考え方です。

私がここに描写した態度を自分の中に確保し、かつ、相手が私のこうした態度をある程度体験することができるときには、建設的な人間的発達や変化が必ず生起すると私は確信している、と。私は、長い間慎重に熟慮したうえで、『必ず（invariably）』という言葉をここに含めることにした。

『ロジャーズが語る自己実現の道』P37

ここで気づくのは、クライエント中心療法に据えた心理療法家の態度が、キリスト教の態度に近いことです。「純粋性」「受容」「共感」というように、牧師が信者の懺悔を聞く態度にどこか通じるように思えないでしょうか。若かりし頃に深く親しんだキリスト教が、ロジャーズの心理学に深く影響を及ぼしていると考えてもよさそうです。

ところでロジャーズは、心理療法家が三つの態度をとるならば、クライエントは建設的な人間的発達や変化が「必ず」生起する、と強く断言しました。もっとも、のちにロジャーズは、クライエントに起こる変化について、考え方の軌道を修正しています。というのも、成功する心理療法にはクライエントの態度が大いに関係することがわかってきたからです（第8章参照）。のちに発表した論文「治療的人格変化の必要にして十分な条件」（1957年）では、先に見た心理療法家の三つの態度に加え、クライエント側の条件も揃うならば、建設的な方向に人格が変化すると、考え方を正しています。

なおロジャーズは、心理療法が最大限うまくいった場合に生じる人間像を「十分に機能する人間」と呼びました。十分に機能する人間は、その人がもつ実現傾向を最大限追求していると言い換えてもよいでしょう。その意味で十分に機能する人間は、マズローが言う自己実現的人間と軌を一にすると考えてよいと思います。

●エンカウンター・グループの展開

ロジャーズがデビュー作『問題児の治療』を1939年に出版し、その翌年にはオハイオ州立大学に赴任したことは先に述べました。その後ロジャーズは、シカゴ大学、ウィスコンシン大学の教壇に立っています。さらに1963年にはウィスコンシン大学を辞任して、カリフォルニアの西部行動科学研究所に席を移しました。

時代はまさに学生運動や女性解放運動、サイケデリックやスピリチュアル・ムーブメントが花開く時期でした。１９６１年に出版された前出の著作『ロジャーズが語る自己実現の道』は一般向けに書かれた本でした。そのため人間性を回復し、自己の成長を目指す人々から、この著作は圧倒的な支持を受け、ロジャーズは一躍カウンター・カルチャーの第一人者として祭り上げられることになります。

また、60歳代に入ったこの時期にロジャーズは、エンカウンター・グループ運動に情熱を注ぎました。エンカウンター・グループはロジャーズが構想したもので、内発的に動機づけられた個人の能力を重視する人々に、一つのコミュニティを形成する機会を提供し、このコミュニティを通じて、専門家としての活動、個人的な疑問、各自が抱える問題を共に考え合い、満足感と新しい創造や変革を生み出す場とすることを目指すものです。その規模は10人から数百人になることもあり、自発的に参加したメンバーが、自分自身や他人の成長を促し、より自分らしくなるための「出会い＝エンカウンター」の場を作り出します。

そもそもエンカウンター・グループは、ロジャーズがシカゴ大学で実践した教育方法を発展させたものだと言えるでしょう。クライエント中心療法を実践するロジャーズは、クライエントの実現傾向に信頼を置くならば、どうして生徒がもつ実現傾向を信頼しないのか、と自問します。そこでロジャーズは、授業の主導を生徒任せにする教育方法を実践し成果を上げました。同様の考え方を、心理療法の現場、教育の現場から、さらに小規模コミュニティの現場まで拡大したのがエンカウンター・グループでした。

現在エンカウンター・グループには「ベーシック・エンカウンター・グループ（非構成的エンカウンター・グループ）」と「構成的エンカウンター・グループ」の2種類があります。ロジャーズが開発したのは前者のエンカウンター・グループです。その特徴は、集ったメンバーには特定のテーマやプログラムは与えられず、何をどう進めていくかは参加者の手に委ねられている点です。個々の参加者が有する決定権を通じて、グループ全体の意思統一が生まれるよう期待されています。そのため「非構成的」というわけです。

もっとも、エンカウンター・グループには「課題やプログラムは存在しない」「何をするか、何を話し合うか、決定権は参加者に委ねられている」というルールがあります。その意味でまったくの「非構成的」であるとまでは言えないようです。

エンカウンター・グループでは、参加者がたとえば10人前後の場合、1～2名のファシリテーター（促進者）が参加して1つの部屋に集い、時を過ごします。1日で集中して行われることもあれば、2泊3日や3泊4日といった合宿形式の場合もあります。

ファシリテーターは、グループのリーダーでも教師でもありません。グループのメンバーと同じく参加者の1人であり、かつグループ内のコミュニケーションを促進するキーマンでもあります。

年齢や職業も違う参加者は、正直に自分自身になることを目指し、エンカウンター・グループの場を活用します。また、正直に自分自身になろうとしている人々は、他のメンバーの成長を促すことを目的に、感情や考えを表明する態度が見られます。こうしてメンバーは互いの成長に対して相互に影響し合う関係となり、やがてはグループ全体が成長することを目指します。

●パーソンセンタード・アプローチと政治への適用

１９６８年、ロジャーズは西部行動科学研究所を離れて、カリフォルニア州サンディエゴのラホヤに、人間研究センターを開設します。人間がもつ実現傾向に絶大なる信頼を置くロジャーズは、その適用範囲をこの研究所の運営にまで広げました。この研究所では、管理者のいない組織形態を目指し、スタッフ全員が、民主的な方法で、研究所の運営方法を決めます。

またこの頃、ロジャーズは、「クライエントセンタード（中心）」から「パーソンセンタード・ワークショップ」や「パーソンセンタード・アプローチ」という言葉を使うようになります。それというのも、エンカウンター・グループでは、心理的に病んでいる人だけを対象にした活動ではなく、健康な人も対象にしているからです。加えてその適用範囲は、心理療法の現場から教育、コミュニティ、組織へと広がっています。クライエント中心では、明らかに対象が狭すぎるからです。

しかも、ロジャーズのパーソンセンタード・アプローチの適用範囲はさらに広がり、政治にも利用されるようになります。具体的には人種間や国際間の紛争緩和への広がりです。ロジャーズはこのように宣言します。

すなわち、人間有機体はその最も深いレベルで信頼に値するものであること、人間の基本的性質は恐れられるべきものではなくて責任を伴う自己表明で解放されるべきこと、小グループ（治療あるいは教室における）は建設的対人関係を責任と感受性を持って作りあげ、賢明な個人的、集団的諸目的を選択することができること、以上のことすべては、もし促進的人間が真実さと理解と好意のある雰囲気を作りあげることによって援助するならば達成されるであろうと考えるのである。

カール・ロジャーズ『人間の潜在力』P24

要するにロジャーズは、互いに憎しみあっている国家や人種を同じテーブルにつかせ、エンカウンター・グループの手法を採用して、参加したメンバーが共通理解を自発的に作り出せるよう、支援しようと考えたわけです。ロジャーズが素晴らしいのは、机上の空論ではなく、それを実際に行動に移したことです。

中でも著名なのは、1973年に北アイルランドのベルファストで行われた、少数派のカトリック教徒と多数派のプロテスタント教徒との緊張緩和です。ロジャーズがアレンジしたエンカウンター・グループには、過激派と穏健派の両方、男性と女性、年配者と若者を含む、5人のプロテスタント信者（1人のイングランド人を含む）と4人のカトリック信者が集いました。

16時間のグループセッションが行われ、最初は、憎悪や疑惑、相互不信が露わになりました。しかし、やがて両派とも徐々にオープンになっていくと、数世紀にさかのぼる憎悪の感情がだんだん弱まり、開放的な態度さえ生じてきました。そうなると、コミュニケーションが円滑になり、円滑なコミュニケーションはさらに深い理解をもたらすよう働きました。それは相互理解が古くからあった多くの障壁を洗い流す瞬間でした。

この一連の経緯は映画に収められました。あまりにも変化が劇的だったため、いくつかの発言はフィルムから削除されたといいます。それというのも、このフィルムがベルファストで上映された時、発言者の生命が脅かされる可能性があったからです。

エンカウンター・グループが終了したあとも、グループの討論は自発的に継続されました。その結果、プロテスタントとカトリックそれぞれ1名からなる2名のチームが、完成した映画を持って両セクトの教会で上映し、討議の機会をもつようになりました。予算もない中で、こちらも自発的に実施された活動です。

この活動によりベルファストでの殺害が止まったわけではありません。しかし、同様のグループが１０００や２０００も存在すれば、事態は大きく変化するだろう、とロジャーズは主張します。

この他にもロジャーズは、南アフリカにおける人種差別に関する白人と黒人の会話（１９８２年）やオーストラリアのルストで行われた中央アメリカ諸国の緊張緩和（１９８５年）に、エンカウンター・グループの手法を採用し、反目する人々の相互理解を促すことに成功しています。このようなロジャーズを評して「静かなる革命家」と呼ぶ人もいました。

ロジャーズはこれらの活動により、１９８７年のノーベル平和賞にノミネートされました。しかし、同年4月にこの世を去ったため、受賞は実現しませんでした。

このように、非指示的アプローチから始まったロジャーズの心理学は世界平和にも貢献する学問に育ったわけです。人間性心理学に携わる人は多数いるとはいえ、ロジャーズほどスケールの大きな仕事をやり遂げた人物はなかなか見あたらないように思います。

第6章 フレデリック・パールズ

１８９３年、ドイツ生。１９７０年没。
ゲシュタルト療法の創始者。フリッツ・バールズとも称する。ゲシュタルトとは「完結あるいは全体に向かう志向性」のことで、人間がもつ未完結な行動の完結（ゲシュタルト）を目指す。主な著書に『ゲシュタルト療法』『記憶のゴミ箱』などがある。

●パールズとゲシュタルト療法

フレデリック・パールズはゲシュタルト療法の提唱者として世界的に知られる人物です。フレデリックを略してフリッツと呼ぶこともあります。ですから、心理学界におけるフレデリック・パールズとフリッツ・パールズは、同一人物を指しています。

パールズが自身の心理療法の名称に用いたゲシュタルトという語を翻訳するのはなかなか困難で

す。『広辞苑』では「部分の寄せ集めではなく、それらの総和以上の体制化された全体的構造を指す概念」と説明しています。一言で表現する場合、通常は「形態」や「全体」と訳されることが多いようです。しかし、いまひとつゲシュタルトの本質を実感できません。

一方でパールズは、「ゲシュタルトとは、完結へと向かう志向性」（フレデリック・パールズ『ゲシュタルト療法』P１３８）だと定義しています。『広辞苑』よりもどこか動的なこの定義は、パールズが用いた三角形の比喩を用いると、より直感的に理解できると思います。

ここに３本の木切れがあります。パールズによると、これらがバラバラに置いてあったらゲシュタルトを形作っていません。しかしながら、その木切れを三角形になるように置いたらどうでしょう。私たちはそれが三角形だとすぐに理解します。これはゲシュタルトを形作っている状態です。しかし再びバラバラにすると、もはや三角形とは認識できません。ゲシュタルトは崩壊しました。

３本の木切れを別々に取り出して分析しても三角形の特徴は表面に現れてきません。しかしその３本を適切に配置すると、つまりゲシュタルトを形作ると、木切れの総和以上のもの、ここでは三角形という形が突然現れます。『広辞苑』の筆者が「総和以上の体制化された全体的構造」とは、ここで示した例の場合、三角形という形状を示しています。三角形はまさに３本の木切れの総和以上の構造をもっています。

人が３本の木切れを三角形にしようと志向するとき、ゲシュタルト的な態度を所有していると言えます。このゲシュタルトが完結されないままなら、我々は未完結の状態で取り残され、それが完結されるまで何度もその人に迫り来るというのが、パールズによるゲシュタルト療法の基本的な問題意識になっています。

それでは、未完結の状態とは何なのか、完結されるまで迫り来るとはどういうことなのでしょうか――。

この問いに答えることは、パールズが提唱したゲシュタルト療法を深く理解することだと思います。以下、順次この点について迫っていきたいと思います。

パールズには、自伝的な著作『記憶のゴミ箱』があります。ただ、この著作はパールズが自分自身にゲシュタルト療法を実施するという体裁をとっています。そのため時系列の内容にはなっておらず、経歴がはっきりしない時期もあります。

1893年7月8日、パールズはドイツのベルリンでユダヤ人の家庭に生まれました。小学校に入る前にすでに字が読め、掛け算もでき、九九も暗記していました。小学校時代は勉強など朝飯前だったようです。神経精神医学を専門に学び、第一次世界大戦時には軍隊に入りました。1926年にベルリン大学医学部を卒業し、フランクフルトでクルト・ゴールドシュタインの助手になっています。第1章でふれたゴールドシュタインは、脳損傷兵の臨床から「自己実現」という言葉を初めて用いたあの人物です。またこの頃にパールズは実存主義哲学にも接しており、大きな影響を受けています。

ナチスドイツの勢力が増す中、パールズはドイツを脱出してオランダのアムステルダムへ逃れます。これが１９３３年のことでした。この頃には独立した精神分析家になっていたようです。

１９３５年、パールズは南アフリカに向かい、妻ローラ（彼女もゲシュタルト療法の確立に重要な役割を果たしました）とともに精神分析研究所を設立します。その翌年、パールズはチェコで行われる国際精神分析学会に論文を提出することになりました。パールズの論文はフロイト理論の基礎を揺るがすものでした。ただしパールズはフロイトに論争を挑む考えはなく、ただ、精神分析の理論に貢献したい一心だったといいます。しかしパールズはフロイトに拒否され、この経験は彼にとってきわめて深い傷になります。やがてパールズはフロイトと完全に袂を分かちます。

第二次大戦後、アメリカに移住したパールズは、独自の心理療法であるゲシュタルト療法の普及に尽力します。ニューヨークやクリーブランドに研究所を設立し、１９６０年代には拠点をサンフランシスコに移しています。またこの頃、日本にもやって来て禅の体験をしています。

60年代半ば、パールズはカウンター・カルチャーの拠点の一つだったエサレン研究所の滞在研究員になります。ゲシュタルト療法はエサレンを代表するセラピーになり、多くの信奉者を獲得することに成功しました。

その後パールズはエサレンを離れ、ゲシュタルト・ギブツという独自のコミュニティを設立します。また、ゲシュタルト療法の全貌を紹介する著作『ゲシュタルト療法――その理論と実際』の出版を企図し原稿を準備していました。しかし、この出版作業の途中の１９７０年の冬に、パールズはシカゴでこの世を去りました。享年77でした。

同書はパールズ死後の1973年に出版され、彼の遺作として、またゲシュタルト療法を知る上で、必読の書になっています。

●ゲシュタルト療法が目指すもの

人間性心理学に属する多くの心理学者がそうであるように、パールズも既存の心理学に対して批判的な立場をとりました。

そもそもパールズにとっての心理学とは、人間にとって最も関わり深いテーマ、つまり私たち自身や他者を研究課題にしています。そのため、広く知識人に理解され得るものでなければならないし、人間行動の実態にもとづくものでなければなりません。加えて、心理学を理解するということと、我々自身を理解することは、一致していなければならない、という立場を取りました。

ところが、古典的精神病理学の学説の多くがドグマ化し、あたかも人間の行動を「プロクルステスの寝台」の理論に当てはめようとしている、とパールズは主張しました。この点についてはすでに第1章でふれたとおりです。中でもパールズにとって強い違和感を感じたのは次の点です。

環境の中で生きる有機体を環境も含めた全体として捉えてはいないという点で、基本的な間違いをおかしている。どの理論も全体のプロセスの中から一部分を抜き出しているにすぎない。

フレデリック・パールズ『ゲシュタルト療法』P66

パールズが言う「環境の中で生きる有機体を環境も含めた全体として捉えてはいない」という点は、ゲシュタルト療法の立場をよく表しています。つまり「環境の中で生きる有機体を環境も含めた全体として捉える」ことが、ゲシュタルト療法の基本的な立場になります。

先の3本の木切れを考えた場合、木切れぞれそれについて分析するのではなく、全体としての木切れが、環境の中にあってどのように振る舞っているのか、ゲシュタルト療法ではその全体像をとらえようとします。

この態度は人間に対しても適用され、ゲシュタルト療法では人間をその存在全体としてとらえる立場をとります。たとえば心身二元論の立場からすると、心と身体を分離して、それぞれをとらえます。しかしゲシュタルト療法では、そうした態度はとりません。

パールズによると、そもそも人間の行動は、活動エネルギーの高低からとらえることができます。私たちが精神的活動をする場合、活動エネルギーは低くて済むでしょう。逆に身体的活動をする場合、活動エネルギーを高めねばなりません。

このように、人間の行動は、エネルギーの高低で精神的活動と身体的活動に分けられます、この立場からすると、心身は二分すべきものではないことが明らかになり、心身二元論の呪縛から解放されます。

さらにゲシュタルト療法では、人間を心身全体でとらえるだけではなく、人間が置かれた環境についても視野を広げます。人間と環境を全体としてとらえると、たとえば人間の経験についても、単純に内的・外的に分割できなくなります。人間側の内的経験と、環境側の外的対象とは、不可分のものとしてとらえられます。パールズはその例として「私は木を見ている」という身近な経験を取り上げます。

人が何かを見るという行為を考えた場合、そもそも見る対象がなければ、見るという行為は成立しません。また、目がないならば、何も見ることはできません。見るという行為は内的経験と外的対象の相互の関係なしに説明することはできません。

こうして、ゲシュタルト的立場からすると、人間と外界は互いが常に変化する二者間の相互作用であり、このような場で外界といかに柔軟かつ流動的にかかわっていくかが、私たちにとっての課題になります。

しかしながら、この場において私たちが何か問題を抱えていると、外界とのかかわりが円滑にいきません。ゲシュタルト療法では、以下に説明する独自の方法を駆使して、この問題を取り除くことを目指します。

●「ゲシュタルトの完結」の重要性

人間が環境の中に置かれている場を想像してみてください。この場には人間と環境がコンタクトをもつ接点があります。パールズは、人間の心理的な事象が起こるのは、このコンタクトをもつ接点においてだと考えました。そして、この接点で生じる経験により、人間の思考や行動、感情も変わってくるとパールズは主張しました。

人間と環境がコンタクトをもつ接点で重要になるのが「図」と「地」の考え方です。

コンタクトしている場において、人間がもつ最も優勢な欲求は意識の前面に現れます。ゲシュタルト療法ではこれを「図」と呼びます。一方、有力な欲求が前面にある場合、他はその背景に隠れてしまいます。これを「地」と呼びます。

この「図」と「地」は固定的なものでありません。人の関心が変わると、もともとあった「図」は「地」に隠れ、新たな「図」が浮かび上がってきます。このように、「図」と「地」は対立概念でありながら、互いに補完的、相互依存的な関係にあります。

健全な人では、この「図」と「地」の転換、すなわち「図地転換」が円滑に行われます。ところがこの転換が円滑でないと、人には不満が募り、これが過剰になると神経症になることも考えられます。

たとえば、カクテルパーティーでガールフレンドと待ち合わせているとしましょう。会場に着いた私はガールフレンドの姿を探すでしょう。私にとって彼女は「図」であり、他は「地」です。ガールフレンドを見つけた私は、さっそくアルコールを片手に話に花を咲かせます。ところがスマホが鳴って、会社から急に呼び出しがかかりました。私はせっかく楽しみにしていたガールフレンドとの話を切り上げて、会社に向かわなければなりません。こうして私の「図」は仕事に切り替わり、他は「地」に追いやられてしまいます。

いかがでしょう。いまの例では明らかに図地転換が行われました。しかしその転換は円滑だったでしょうか。いえ、決して円滑とは言えません。何しろ楽しみにしていたガールフレンドとの時間を早々に切り上げなければならなかったのですから。

人間が自らの欲求を満足させることは、言い換えると完結に向かうことです。パールズによるゲシュタルトの定義を思い出してください。「ゲシュタルトとは、完結へと向かう志向性」でした。あるいは、完結した結果、すなわち「完結」そのものをゲシュタルトと考えてもよいでしょう。

ですから、人間が自らの欲求を充足させるということは、パールズ風に言うならば、「ゲシュタルトを完結させること」です。そして、人が次の関心事へと進むには、先に選択した関心事すなわち「図」をまず完結させて、次の「図」に進まなければなりません。ゲシュタルト的立場からすると、これが健全で円滑な図地転換です。その意味で、先に見たカクテルパーティーでの私は、明らかに不健全な図地転換をしていたことになります。

もっとも、場合によっては会社に戻るのを断り、ガールフレンドとの会話を続ける手も私にはありました。仕事とのコンタクトを回避して、ガールフレンドとのコンタクトを継続するという選択肢です。しかし、仕事のことが気になって、彼女との会話もはずまないかもしれません。

このように、興味や関心が二つの対象に分かれてしまって集中できない状態、言い換えると相反する「図」が二つある状態、これが葛藤です。この状況が長く続き、解決が困難になると神経症的葛藤が生じることもあります。

つまり、私たちは人と外界が接触する場において、コンタクトと回避で欲求を満足させてゲシュタルトを完結させます。欲求を満足させてくれるものにはコンタクトし、そうでないものは回避します。それは接点におけるその人の経験の仕方を示しています。

パールズによると、神経症はゲシュタルトを完結できないままの経験が多すぎるために納得した生き方ができない状態から引き起こされます。そしてパールズは、ゲシュタルトを完結できない背景に、神経症を引き起こすいくつかのメカニズムを見出しました。このメカニズムを知ることは、健康な精神状態を維持するのに役立つに違いありません。

●神経症のメカニズム

パールズが掲げた神経症を引き起こすメカニズムには、「イントロジェクション（取り入れ）」「プロジェクション（投射）」「コンフルーエンス（融合）」「リトロフレクション（反転）」の四つがあります。以下、それぞれについて説明しましょう。

イントロジェクション（取り入れ）

私たちは食物を摂取して消化し同化します。同じことは心理的過程でも行われます。私たちは外界にコンタクトして自分の中に何かを取り入れます。それは尊敬する人の考え方や有名人の生活習慣、あるいは新聞に書いてあった政治観かもしれません。このように、態度や行動様式、感情、価値判断が取り入れられる心理的過程をイントロジェクション（取り入れ）と呼びます。

イントロジェクションしたものを私たちの人格の一部にする場合、完全に吸収して、消化する必要があります。危険なのはこのイントロジェクションが消化されることなく丸呑みされた時です。

これがたびたび発生すると、自己の固有の人格を醸成する余地がなくなります。そうすると「私は何者か？」という実存的問いに悩まなければなりません。また、相反する考え方を両方丸呑みすることも考えられます。そうすると、双方を調和する試みが心理的になされますが、これが成功しないとゲシュタルトの完結を妨げる大きな要因になるでしょう。

イントロジェクションは人格の形成に不可欠です。しかし、不適切なイントロジェクションは、ゲシュタルトの完結を妨げ、神経症を引き起こす大きな要因になります。

プロジェクション（投射）

イントロジェクションの逆がプロジェクション（投射）です。イントロジェクションは、本来外界のもので未消化のものを自分の一部と判断する傾向でした。これに対してプロジェクションは、本来は自己に端を発するものを外界のものと判断する傾向を指します。

イントロジェクション傾向の強い人は、外界からの借り物で自分を飾るのが特徴です。この傾向の人が「私は～と考える」と主張した場合、それは「彼らは～と考える」を意味します。たとえばそれは、新聞（彼ら）の社説を借用したものだったりするわけです。

一方、プロジェクション傾向の強い人は、「それ」「彼ら」と言う時、多くの場合「私」を意味します。たとえば、プロジェクション傾向の人が「私がこうなったのは社会（彼ら）のせいだ」と言う時、多くの原因が自分自身にあったりするわけです。被害妄想などはその極端な例でしょう。

プロジェクション傾向の強い人は、もともと自分自身のものであり捨ててしまいたいもの、未消化で成長のためには本来消化すべきものをプロジェクションしてしまいます。この是正なくしてゲシュタルトの完結は望めず、いつも不満でいなければなりません。

コンフルーエンス（融合）

コンフルーエンス（融合）とは、自分自身と外界との境界を感じられない、あるいは自分が外界と一つであると感じる状態を指します。病的なコンフルーエンスの人は、自分と外界は同一という錯覚にとらわれます。その結果、外界にあるものが何でも同一でないと気が済まず、自分の好みを押しつけようとします。このような人が「我々は〜」と言う時、自分自身と外界の境界を失っているため、自分自身のことなのか他者のことなのか、どちらなのか理解できていません。

私たちの近くにもコンフルーエンス傾向の強い人がいます。コンフルーエンス傾向の強い親は、自分の子を思うがままの人物に育てようとするでしょう。あるいは、コンフルーエンス傾向の強い国家指導者は、民族の多様性に不寛容になり、他国にも画一的な価値観を強要するでしょう。このように、コンフルーエンス傾向の強い人は、本来同一でないものを同一視しようとしますから、常に不満を抱えます。ゲシュタルトの完結が困難であることがよくわかります。

リトロフレクション（反転）

リトロフレクション（反転）とは、自分と外界に引いた境界線が、自分の中だと思われる範囲にまでえぐり込んでいるため、1人の人間の中で「する立場」と「される立場」の両方に二分割される現象を指します。四つのメカニズムの中では一番理解しにくいものかもしれません。

パールズは、リトロフレクションの特徴として、「私自身」という再帰代名詞の利用を挙げています。誤って自分の中に引いてしまった境界線の外側の一部は、実は自分であるのにも関わらず別人だと考えてしまい、この境界線の外側の自分が「自分自身」というわけです。

そのためリトロフレクション傾向の強い人は、「私は私自身が恥ずかしい」「私は私自身にむち打たなければならない」のように、自分が自分の敵になってしまいます。

以上、神経症の代表的なメカニズムについて紹介してきました。この四つに共通するのは、自分と自分でないものとの弁別能力が正常に働いていない点です。そのためゲシュタルトの完結に支障を来たします。ゲシュタルト療法では、この弁別能力を回復させ、自分と自分でないものとを再発見することができるように援助します。続けてそのゲシュタルト療法の一端を見てみましょう。

●「今 - ここ」のセラピー

ゲシュタルト療法で重視するのが、「今 - ここ」のセラピーです。神経症の患者は過去に何か重大な出来事があってそうなったのでしょう。しかし、それだけでなく、現時点においても、「今 - ここ」に、引き続き問題を抱えています（だから神経症にかかっているわけです）。そこで患者には、徹底して「今 - ここ」で自分が何をしているのかに注意を向けてもらうようにします。

次に「今 - ここ」に注意を向けたら、自分自身を最大限感じ、経験するようにします。その際に「今、私は～に気づいています」と表現するようにパールズは勧めています。これは単なる言葉上の問題ではなく、ゲシュタルト療法の精神、考え方を反映したものです。

「今」という言葉を用いることで、クライエントは現在に引き戻されます。「今」という瞬間は次々と変化します。人はその変化に身をおいて「今」を経験します。つまり実存主義的・現象学的基盤に立って自分自身を経験し最大限感じることができるようになります。そうして「今」をありありと経験すれば、人に何かの「気づき」が生じるでしょう。パールズはこう言います。

私は気づきを自分の方法の中心に置いた。現象学こそが私の知りたいことすべてを知るために根本的で不可欠だと思ったからだ。
気づきがなければ、そこには何もない。
気づきがなければ、そこには無しかない。

フレデリック・パールズ『記憶のゴミ箱』P87

気づきは常に現在に起こるものです。「今ｰここ」に注目することなしに気づきは起こりません。気づきにより行動の可能性が広がります。この意味で気づきとは可能性の発見です。不適切な習慣や学習された機能を刷新していくには、気づきが必要です。

またパールズはこうも言います。「気づき」と「コンタクト」と「現在」は、一つのことの違った側面であり、自己を現実視するプロセスの違った側面である、と。人間は外界とコンタクトし、可能性の中から何かを選択する存在です。選択対象にコンタクトする、つまり気づくのは「今ｰここ」であり、その中からいずれかを選択するのも「今ｰここ」です。いかがでしょう。パールズの立場が極めて実存主義的であることがわかると思います。

パールズによると、気づきの領域は3種類あります。

第一に内層の気づきです。これは身体内部で起きていることに気づくことです。たとえば、音楽を聴いていて経験する、胸や腕から首へと込み上げてくる熱いさざ波のような感情は、内層で起こっているものです。

第二に外層の気づきです。これは身体の外側で起きていることに気づくことです。「木に赤いリンゴがなっている」などはその一例です。

第三に中間層の気づきです。これは内層と外層の中間にある、頭の中で起きていることに気づくことです。想像や空想、思い込みなどはその一例です。中間層の気づきは創造性や積極性を育む一方で、間違った思い込みによって自分の首を絞めてしまう場合もあります。

●未完結なゲシュタルトを完結させる

ゲシュタルト療法を象徴する「今 - ここ」のセラピーは、先に見た未完結なゲシュタルトと深いかかわりがあります。

たとえばここに、亡くなった両親となかなか決別できない人物がいるとしましょう。パールズの立場からすると、彼がなかなか決別できないのは、両親への嘆きが中途半端で、未完結の感情として残っているのが原因になります（ゲシュタルトの未完結）。これを解消するには、臨終の床での辛い別離に立ち向かう必要があります。

もちろん現実には、臨終の床に戻ることはできません。そこでクライエントは、今がその瞬間であるように経験して、過去の思い出を現在に転換するよう求められます。これは、ただ思い出すだけではなく、「今 - ここ」でしっかりと、臨終の床での辛い経験を再体験することです。その際にゲシュタルト療法では、シャトル技法と呼ぶテクニックを用いて、ゲシュタルトの完結を促します。

記憶の再体験は、「今 - ここ」でなされています。それにもかかわらず再体験をしている本人は、記憶は過去から来るものだという意識が残っているものです。

しかしながら、記憶の再体験を通じて得られる経験、たとえば身体内の筋肉運動といった動きや、そこから得られる感覚は、時間を超越して「今 - ここ」で体験されているものです。たとえば、臨終の床を再体験することで拳を固く握りしめるといった行為はその一例です。シャトル技法では、記憶を再体験したイメージと、「今 - ここ」で経験しているものとの間に意識を往復（シャトル）させることで、過去の心残りを完結させることを目指します。

パールズによると、中断され、未完結なまま置かれている人の記憶は、今でも生命力をもっています。これを消化して人格に統合してしまうには、「今 - ここ」、つまり現在でなければなりません。

パールズのゲシュタルト療法は、ある意味で被験者にとって「学習」だとも言えます。パールズが著作で述べるように、学習とは単に情報を取り入れることではなく、何かが可能であることを発見することです。たとえば、技術を学ぶことは、何かが可能だということの発見です。あるいは、教えるということは、何かが可能だと示すことです。

先にもふれたように、気づきとは可能性の発見です。となると、気づきとは学習と同義になります。よってゲシュタルト療法とは、「気づき＝学習」を促すことで、その人の可能性の発見を手助けすることだとも言えます。パールズはこう言います。

私がここにおいてやりたいことは、皆さんの一人ひとりに、成長したり潜在能力を発揮するための方法や手段を発見し、生活上の困難を取り除くことは可能だということをお見せすることなのである。

『ゲシュタルト療法』Ｐ１４５

潜在能力を発揮するための方法や手段を発見すること――。パールズの言葉からも、ゲシュタルト療法が人間性心理学のもつ態度と一致することがわかると思います。

第7章 エリック・バーン

1910年、カナダ生。1970年没。

交流分析の創始者。60年代半ばに著作『人生ゲーム入門』がベストセラーになり一躍ポピュラー心理学の旗手に。やり取り分析や人生脚本など重要な理論を多数提示する。

主著に『エリック・バーン――人生脚本のすべて』がある。

●ポピュラー心理学の旗手

エリック・バーンは、交流分析の提唱者としてつとに有名です。交流分析は、人と人が互いに交流（トランザクション）する際、人の自我状態がどのように動いて交流が進行するのかを見極めようとする心理学です。その上で、この人間関係における自我構造を分析し、より適切なパーソナリティを獲得し、人間の成長を促すことを目指しています。

バーンの提唱した交流分析は、緻密に理論化されているのが大きな特徴になっています。人間性心理学のフィールドで活躍する他の心理学者も、もちろん理論は提示します。しかし、バーンのように徹底的な理論化をはかった人は他にいないのではないでしょうか。

とりわけヴィクトール・フランクル（第3章）が提唱した、体系どころか技法もほとんどないロゴセラピーと比較すると、交流分析の緻密さがより際立つでしょう。実際、あまりに緻密過ぎて、逆に教条に走り過ぎでは、と感じることさえあります。そのため、本書で扱った人間性心理学の中では、最左翼に位置するのが、このバーンの交流分析です。実際、交流分析を人間性心理学の一部として考えるべきか、議論が残るでしょう。

とはいえ、バーンの手法がフロイト派の精神分析と一線を画していること、バーン自身が人間性心理学に共通する現象学や実存主義の態度を尊重していること、さらに人間性心理学が勃興する同時期に、交流分析が明らかに第三勢力の一部として活動領域を確保したこと、以上から総合的に判断し、本書では交流分析を人間性心理学の一領域として取り上げました。

１９１０年5月10日、バーンはカナダのモントリオールで生まれました。当初の名はバーンスタインでした。父親は医者で母親は作家でした。

おそらく父親の影響もあったのでしょう。バーンは医学の道に進み、１９３５年にカナダのマギル大学で医学博士、外科修士を取得しています。その後、米エール大学医学部の精神科で研修医、さらにアメリカの市民権を得たあとニューヨークに渡って精神科医になります。１９４３年にはエリック・バーンに改名しました。

当初バーンはフロイト派の精神分析家として活動していました。しかし50年代半ばになると、フロイト派と袂を分かち、独自の精神分析手法を構築してゆきます。それがのちに交流分析と呼ばれる手法です。以後、個人開業医、コンサルタント業、病院勤務、さらに執筆や講演と多忙な日々を送ります。

そんなバーンが一般から注目されるのは、１９６４年に出版した著作『人生ゲーム入門』でのことです。この本は、バーンの心理学で重要なキーワードの一つになる「心理ゲーム」について書いたものです。心理ゲームとは、「ワナや、からくりのある、かけひきのシリーズ」（『人生ゲーム入門』P65）を指します。

一般向けに出版された同書は、当初こそ売れ行きは芳しくなかったものの、徐々に部数を伸ばし、2年後には30万部を売り上げるベストセラーになりました。「ポピュラー心理学」と呼ばれる新たな心理学ブームの端緒を切り開いたのが、まさにバーンのこの著作『人生ゲーム入門』でした。

さらに晩年に執筆し、死後の１９７２年に世に出た著作『エリック・バーン――人生脚本のすべて（What Do You Say after you say hello?）』は、バーンが創始した交流分析の集大成で、交流分析を理解する上での必読本になっています。同書の日本語訳は40年以上を経て、２０１８年にようやく出版されました。

バーンは自身の理論を構築する上で、患者の観察を重視し、実際に観察でき、直接検証できるものを理論化していきました。この点で抽象的な理論構築に走り気味だった、精神力動派の理論家とは一線を画していたと言えます。

また、経験を重視する一方で、バーンは現象学の信奉者でした。経験主義は客観的な観察を通じて理論を練り上げます。これに対して現象学は、個人の主観的な経験を重視します。このように経験主義と現象学は対立する立場ですが、この対立を弁証法的に止揚する、つまり対立を超える解を探そうとしたのがバーンの研究態度でした。

治療の現場でのバーンは、患者に「改善をもたらす」のではなく、患者を「治す」ことに主眼を置きました。バーンはこれを、カエルの皮を脱ぎ捨てて、王子や王女を目指す態度だと述べています。治療者は「まず治し、その後に分析を」でなければならないとし、バーンはこの態度を貫きました。

なおプライベートな話ながら、バーンは、3回、結婚と離婚を繰り返しています。カール・ロジャーズは晩年に不倫関係の愛人をもっていました。フレデリック・パールズの女性関係もかなり乱れていたようです。心理療法を生業とする彼らでしたが、自身の異性関係はどうもうまくコントロールできなかったように見えます。

1970年、バーンはこの世を去りました。享年60とあまりに早い死でした。

●自我状態による構造のモデル

バーンの理論である交流分析は、「自我状態による構造のモデル」「やり取り分析（狭義の交流分析）」「心理ゲーム」「人生脚本」と、段階的に発展してきました。これらを取りまとめて、交流分析（広義の交流分析）と呼びます。そのため、初期の主張がのちに修正されることもしばしばあります。先に挙げた著作『エリック・バーン――人生脚本のすべて』は、交流分析の最終モデルを示したものにあたります。その意味でもバーンの著作の中で非常に重要な位置を占めます。

以下、本章では、広義の交流分析を形作るそれぞれの理論について解説したいと思います。まず、「自我状態による構造のモデル」から始めましょう。

バーンが言う自我状態とは、個人のパーソナリティの一つの状態であり、ある瞬間における精神的・身体的体験の全体を指します。バーンは患者の観察から、自我に種類があることに気づきます。その契機になったのが、「私は大人の服を着た幼い子どもだ」と自称する患者を治療したことでした。これが契機となり、人はそれぞれ「親」「成人」「子ども」という、3種類の自我状態を示す、とバーンは考えるようになりました。

まず「親」ですが、これはその人が幼い時に、親や親のような誰か他の人がしていたように感じ、考え、行動し、反応する自我状態を指します。

次に「成人」です。こちらは現在の自我状態を指していて、自分の環境を客観的に評価し、過去の経験も考慮しながら、次の行動を選択します。

最後に「子ども」です。「子ども」はその人が自分の幼児期のように感じ、考え、行動し、話す自我状態を指します。バーンが言う幼児期とは、一般的にはその人が2歳から5歳の間のどこかだと想定しています。

この三つの自我状態のうち「親」と「子ども」は、その人の人生において、過去に形成されたものです。これに対して「成人」は、現在を基礎にする自我状態を示しています。

これを図解すると次頁のようになります（図1）。「親」「成人」「子ども」の正円が、縦に並び、大きな楕円でくくられています。この楕円がその人のパーソナリティを示しています。通常は楕円を省略し、三つの正円が縦に並んだ串団子状で表現します。

人がもつ自我状態は、「親」「成人」「子ども」のうちいずれかに自在に変化します。これを自我の移行と呼びます。そして、ある自我状態がフル活動している時、その自我状態はその瞬間、本当の自己として体験されます。

したがって心理療法家は、クライエントの自我状態を判断することで、特定の感情と行動のパターンを、ほかのパターンから区別しなければなりません。バーンはこれを構造分析と呼びました。構造分析は交流分析における、最も基本的な分析手法になります。

バーンが提唱したこの「親」「成人」「子ども」については、フロイトの「超自我」「自我」「イド」との類似がよく指摘されます。しかし、バーン自身は別物だと主張しています。バーンの理論によると、「親」「成人」「子ども」は、いずれも自我の現れであり、それぞれは自我の違う表現、あるいは自我の一部になります。つまりフロイトの言う「超自我」「自我」「イド」の「自我」部分が、

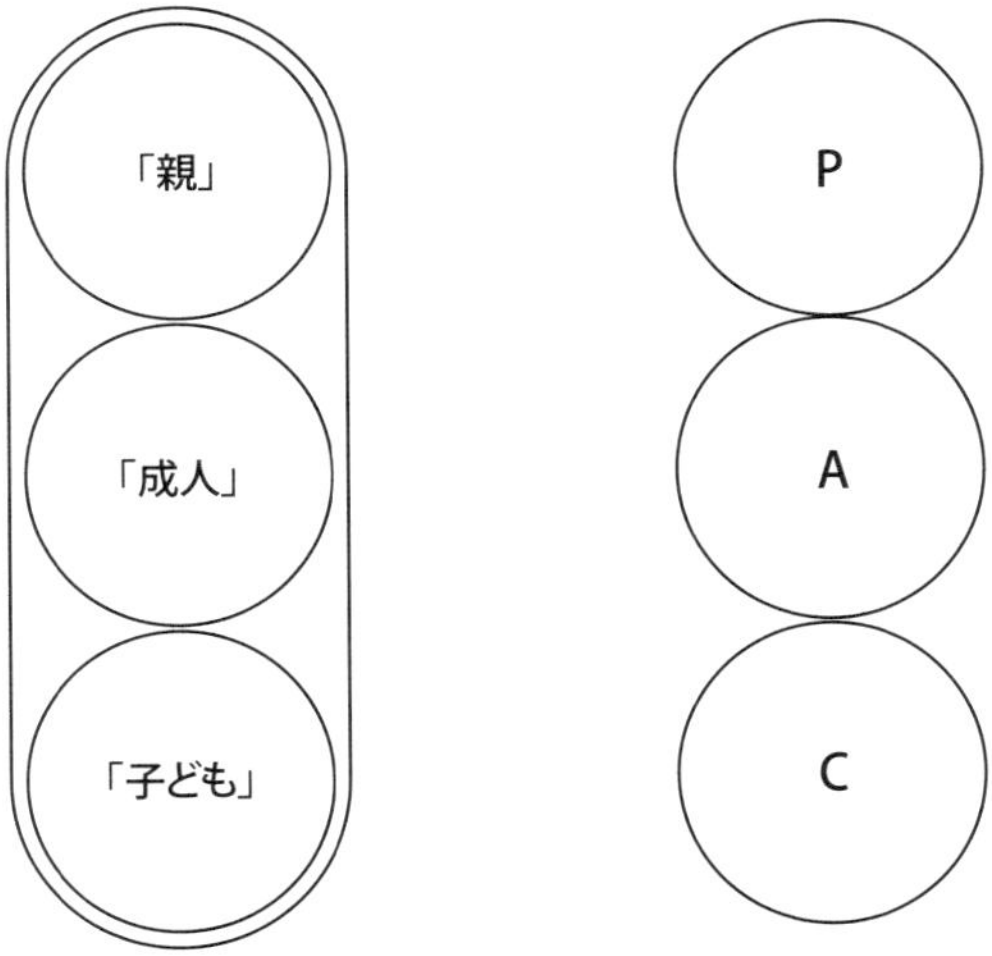

パーソナリティの構造図　　略式の構造図

出典:エリック・バーン『人生脚本のすべて』

図1　パーソナリティの構造図

3種類の自我状態をもつという考え方です（ただし、だからと言って、バーンが「超自我」と「イド」の存在を肯定していた、と述べているわけではありません）。

●やり取り分析によるコミュニケーションのあり方

人間には3種類の自我状態があるとすると、2人の人物がコミュニケーションを行う場合、それぞれ3種類ずつ、合計6種類の自我が関連してくることになります。先にも述べたように自我状態は移行します。したがって交流分析では、2人がどの自我状態でコミュニケーションしているのかを分析することが重要になります。交流分析ではこれを「やり取り分析」と呼んでいます。

やり取り（コミュニケーション）では、一つの刺激と一つの反応が基本単位になります。交流分析では、このやり取りの形式について、先に見た「パーソナリティの構造図」を用いて表現します。代表的なやり取りの形式は次の3種類です。

①相補的なやり取り（補完的トランザクション）

相補的なやり取りは、「成人」と「成人」、「親」と「子」のように、平行したコミュニケーションが成立している状態です（図2の①）。この相補的やり取りには9つのタイプがあります。このようにやり取りが相補的なものである限り、コミュニケーションは円滑に進行し、原則として無限

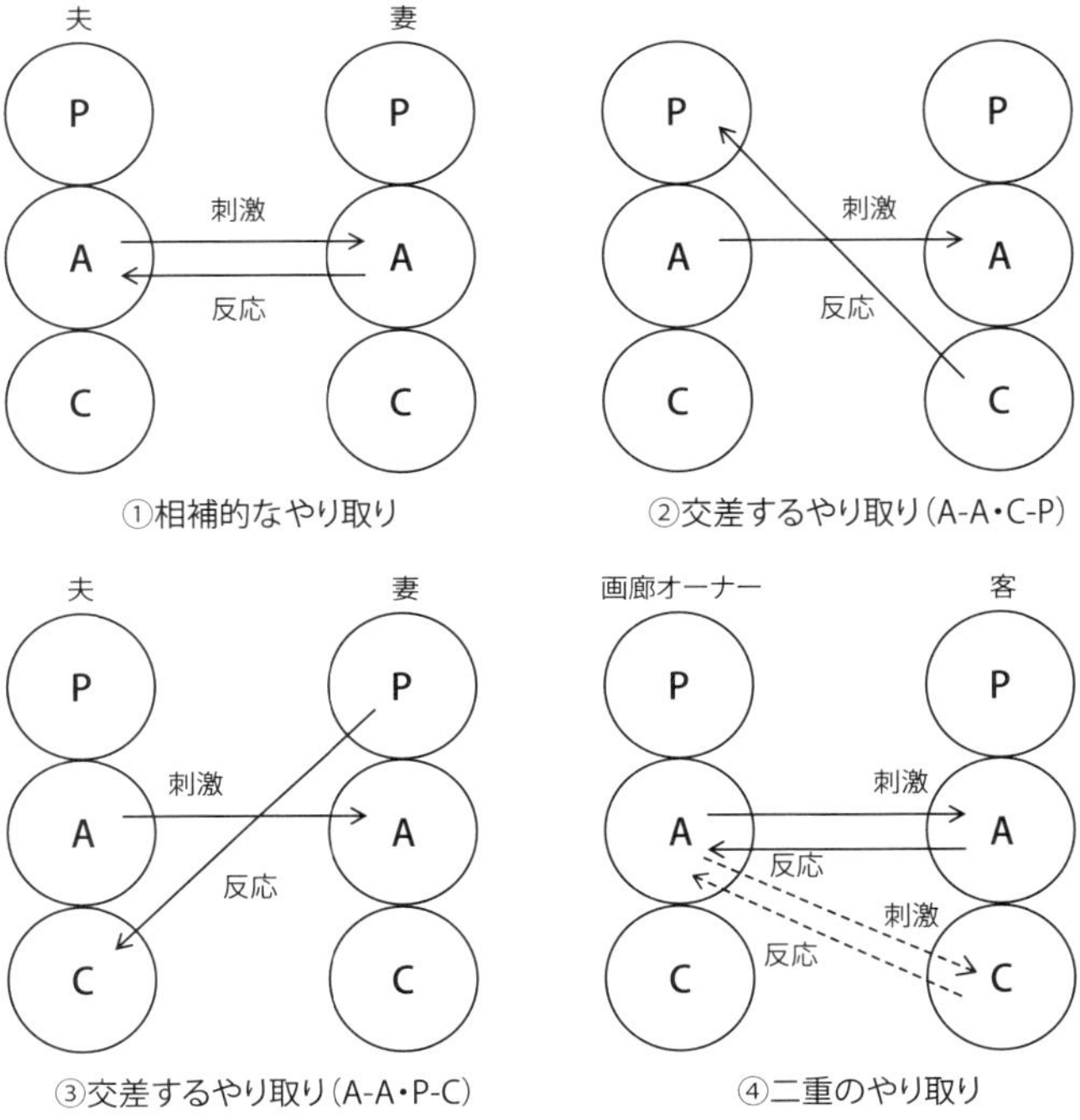

出典:エリック・バーン『人生脚本のすべて』を基に作成

図2　やり取りの形式

に続けることができます。

②交差するやり取り（交差的トランザクション）

次に交差するやり取りです。こちらは刺激と反応の線が交差している状態を指します。バーンは、結婚、愛情、友情、仕事といった日常生活で生じる障害の大きな原因になるのが、この交差するやり取りだと述べています。交差するやり取りには、コミュニケーションが中断されしまうという特徴があります。

交差するやり取りについては、バーンはわかりやすい具体的な例を挙げているので、紹介しておきましょう。

ある男が妻に言いました。

「あのカフスボタン、どこにあるのかな」

この問いは「成人」から「成人」へのコミュニケーションです。これを「成人 - 成人」と表現しましょう。これに対して、妻が適切な「成人 - 成人」のコミュニケーションで返事する場合、たとえば次のようになるでしょう。

「カフスボタン……。知らないわよ」

あるいは、

「ちょっと待って、クローゼットの2番目の引き出しにあったんじゃないかしら」

と、答えるかもしれません。妻の答えも「成人 - 成人」のコミュニケーションです。よって、このやり取りは補完的ですから、２人の会話はまだ続くことでしょう。

ところが、夫の問いに対して、妻の虫の居所が悪いとしたら、次のような答えが返ってくるかもしれません。

「知らないわよ。いつも私のせいにするんだから」

あるいは、

「なぜ、自分のものの置いた場所がわからないの。もう子どもじゃないんだから」

と、言うかもしれません。

前者のコミュニケーションは、妻の「子」から夫の「親」への反応です。また、後者の場合は妻の「親」から夫の「子」へのコミュニケーションであることがわかります。最初の問いが「成人 - 成人」のコミュニケーションでしたから、続くいずれのコミュニケーションも、交差的になっていることがわかります（図２の②③）。もちろんいずれのケースでも、コミュニケーションは中断する可能性が高そうです。

交差的やり取りは72種類が確認できます。しかしバーンによると、臨床の現場や日常生活で頻繁に起こる交差的やり取りは、ほぼ四つだけに限られるといいます。

その四つのうち二つは、事例にふれた「成人 - 成人、子 - 親」（タイプⅠ）、「成人 - 成人、親 - 子」（タイプⅡ）です。さらに、人を怒らせる「子 - 親、成人 - 成人」（タイプⅢ：共感して欲しかったのに非情にも事実を突きつけられてしまった状態)、生意気な行為とみなされる「親 - 子、成人 - 成人」(従って欲しかったのに、代わりに事実を突きつけられる状態)のパターンがあります。

③二重のやり取りまたは裏があるやり取り(潜在的トランザクション)

3番目の二重のやり取りは、社会的レベルと潜在的・心理的レベルで、異なる二つのメッセージを同時に伝える状況を指します。こちらのやり取りでは、2人の人物それぞれにおいて、二つ以上の自我状態の活動を含んでいるのが特徴になります。具体例を示しましょう。ある画廊でかわされた会話です。

画廊オーナー「こちらはいま人気の新進作家の作品です。この華やかな色彩が特徴なんです」

客「なるほど」

画廊オーナー「マニアの方がよく買われてゆきます」

客「ふーむ。じゃあ、これをもらおうか」

どこにでもあるような会話ですが、バーンの視点で分析すると、興味深い心理の動きが見て取れます。

オーナーが最初に言った「人気の新進作家の作品」「華やかな色彩」は、客観的な事実を述べたものです。これは、社会レベルでは、オーナーの「成人」から、客の「成人」に向けたコミュニケーションです。

ところが、「マニアの方がよく買われてゆきます」という言葉は、オーナーの自我状態の「成人」が、客の自我状態の「子ども」に対して発せられたものだと言えます。つまりその言葉の裏には、「あなたがマニアでなければ、買わないでしょうね」といった、どこか横柄なニュアンスが含まれています。

これに対して、客は「これをもらおうか」と対応しました。つまり、客の「子ども」が画廊オーナーの「成人」に対して、「何を言ってるんだ。ぼくだってマニアだぞ。金のことはともかく、思い知らせてやる」と反応したわけです。

このように、社会的レベルでは「成人‐成人」のコミュニケーションが成立している一方で、潜在的レベルでは「成人‐子ども」のコミュニケーションが見られるわけです（図2の④）。バーンはこのタイプを角度のあるやり取りとも呼びました。ちなみに、いわゆる有能なセールスマンは、このようなやり取りに長けた人たちです。

二重のやり取りは理論上6561種類あります。このうち重複しているものを削除すると6480種類が残ります。ただ、一般的な臨床や日常生活で大切なものは6種類だけで、残りは学問上のテーマになります。その6種類を示しておきます。

①（成人‐成人・成人‐成人）＋（子‐子・子‐子）

②（成人・成人・成人・成人）＋（親・親・親・親）
③（成人・成人・成人・成人）＋（親・子・子・親）
④（親・親・親・親）＋（子・子・子・子）
⑤（成人・成人・成人・成人）＋（成人・子・子・成人）
⑥（成人・成人・成人・成人）＋（親・成人・親・成人）

ここで見てきたやり取り分析は、自我状態の理論の延長にあるものです。交流分析は自我状態の理論やり取り分析、さらにその他の理論も含んだ大きな体系全体です。やり取り分析はその一部となりますが、狭義の交流分析として位置づけられます。

ここまで、自我状態の理論とやり取り分析について見てきましたが、バーンは交流分析とやり取り分析について、明快な説明をしています。以下に掲げておきましょう。

交流分析はパーソナリティと社交的活動に関する理論であり、心理療法の臨床的技法だ。それは、ふたりまたはそれ以上の人の間で行われうるすべてのやり取りの分析を基本としている。このやり取りは、固有に定義された自我状態に基づいて、有限の確定した種類（9つの相補的なやり取り、72の交差するやり取り、6480の二重のやり取り、36の角度のあるやり取り）に分けられる。これらのうち、一般にはほぼ15種類のみが日常の活動で起こっている。

エリック・バーン『エリック・バーン――人生脚本のすべて』Ｐ23

●「心理ゲーム」とは何か

今見てきた二重のやり取り（裏があるやり取り）は、日常生活のいたるところに見られます。二重のやり取りは、人が何かしているふりをしながら、本当は別のことをしている点に特徴があります。バーンはこうしたやり取りを「心理ゲーム」と表現しました。

心理ゲームは裏があるやり取りで、それが繰り返し行われ、しかもその心理的結果が見通せるものを指します。いわば、ワナや、からくり、あるいはかけ引きのあるやり取りです。とりわけバーンが関心を寄せたのは、人がはっきり意識することなしに演じてしまっている、いわば無意識の心理ゲームでした。

心理ゲームは六つの明確に定義された段階に従って進行する、とバーンは言います。これを「Ｇの方程式」と呼びます。次のとおりです。

Ｃ＋Ｇ＝Ｒ→Ｓ→Ｘ→Ｐ……Ｇの方程式

心理ゲームを始める人は、まず「Ｃｏｎ（ワナ）」を仕掛けます。このワナに掛かるのは、引っ掛かる弱みのある人すなわち「Ｇｉｍｍｉｃｋ（カモ）」です。カモがワナに引っ掛かると、仕掛け人が期待する何らかの「Ｒｅｓｐｏｎｓｅ（反応）」をします。すると仕掛け人は、突然態度を変えます。つまり「Ｓｗｉｔｃｈ（切り替え）」です。大げさに言えば豹変ですね。すると、反応した側のカモは驚き、ここに「Ｃｒｏｓｓ－ｕｐ（混乱）」が生じ、最後に仕掛け人が当初期待していた「Ｐａｙ－ｏｆｆ（結末）」を迎えます。

こちらについても、具体的な例で説明したほうがわかりやすいでしょう。ちょうどバーンは例として心理療法で起こった心理ゲームを挙げていますので、こちらを借用させてもらいます。

患者「先生、私はよくなると思いますか？」

先生「（何としても患者を勇気づけてやらねば……）もちろんよくなりますよ」

患者「どうして、それがわかるんですか？」

先生「……」

患者（心の中でニヤリとする）

これが心理ゲームの典型です。Ｇの方程式にあてはめて考えてみましょう。

最初に患者が心理療法家に「先生、私はよくなると思いますか？」と声を掛けました。これは「ワナ」です。

ワナに気がつかない心理療法家は、何としても患者を勇気づけてやらなければならないと思いました。情にもろいところがこの心理療法家の「弱点」であり、弱点をもつ「カモ」です。するとカモになった心理療法家は、「もちろんよくなりますよ」と答えました。これが「反応」です。すると、一瞬にして患者は態度を変えます。そして言いました。「どうして、それがわかるんですか？」。これが「切り替え」です。

予期せぬ患者の豹変に、心理療法家は「……」と、一瞬絶句してしまいます。つまり「混乱」が生じたわけです。

心理療法家の戸惑う様子を見た患者は、心の中でニヤリとします。これは心理療法家が首尾良くワナに掛かったので、患者はいわば溜飲を下げたわけです。一方で心理療法家は、やり場のない、後味の悪い気分になります。これらが「結末」です。

結末では、仕掛け人とカモの双方がトレーディング・スタンプと呼ばれる特殊な感情を手にします。今の例の場合だと、患者は「良い」感情という金のトレーディング・スタンプを手にしました。逆に心理療法家は、「あなたのお役に立とうとしただけなのに」というように、「悪い」感情のトレーディング・スタンプを手にしてしまいました。

いかがでしょう。例に掲げたケースはＧの方程式どおりになっています。日常生活でこのような場面が浮かんできませんか。バーンは、Ｇの方程式にあてはまるものはすべて心理ゲームであり、当てはまらないものはすべて心理ゲームではない、と定義しています。

●「何故あなたはしないんですか——ええ、でも」

ちなみに、ベストセラーになったバーンの著作『人生ゲーム入門』は、心理ゲームの構造とその実例を36種類も紹介しています。その中には、「こういうこと、身近にあるある」という実例が多数あります。

中でも、バーンが心理ゲームという概念を考えつくきっかけになった「何故あなたはしないんですか——ええ、でも」というゲームは、「身近にあるある」というゲームの典型ですから、簡単に紹介しておきましょう。

婦人A「あたし最近ふとり気味でほんと困ってるのよ」
婦人B「なぜ、ジムに行かないの。ちょうど駅前にできたじゃない」
婦人A「ええ、でも、あたし三日坊主でしょ」
婦人C「なぜ、テニスをしないの。近くにコートがあるんだから」
婦人A「ええ、でも、あたし運動音痴でしょ」
婦人B「それなら、納豆ダイエットね。効くそうよ」
婦人A「ええ、でも、リバウンドが怖いでしょ」

いかがでしょう。どこにでもありそうな会話です。たとえば立食パーティーで、こういうやり取りがあったとしてたら、やがて沈黙になり、ほかの話題に切り替わるでしょう。

一見すると会話は「成人」と「成人」の間でなされているようです。しかし、婦人Aは問題を抱えた「子ども」だと見ることもできます。そうすれば婦人Bと婦人Cは、彼女のために智恵を絞ろうとする「親」になるでしょう。これが正しいとすると、社会的レベルでは「成人‐成人」のやり取りですが、潜在的レベルでは「親‐子」のやり取りになります。

面白いのは「子ども」になった婦人Aが、「親」である婦人B・Cの提案を次々と却下する点です。この裏には、「私を納得させるアイデアなんて、出てくるはずないわ」という、婦人Aの思惑があるのかもしれません。そして提案を断り続けることで、「ほら、ごらんなさい。やっぱり出てこない」と一人で溜飲を下げるわけです。

このゲームをGの方程式にあてはめると、婦人Aの最初の言葉が「ワナ」で、婦人B・Cが「カモ」になります。そうして婦人Bの提案が「反応」で、婦人Aの拒絶によって「混乱」が生じます。そのあと「反応」と「混乱」が何度か繰り返され、最終的に沈黙という「結末」に至るわけです。

なお『人生ゲーム入門』を書いた当時、バーンはまだGの方程式を考えついていませんでした。『エリック・バーン――人生脚本のすべて』で公表しているGの方程式を適用すると、『人生ゲーム入門』で紹介されている実例の多くがこの方程式にあてはまらず、「心理ゲーム」ではなくなってしまうようです。

●「人生脚本」とは何か

ここまで紹介してきた「自我状態における構造のモデル」「やり取り分析」「心理ゲーム」は、交流分析を行う上での鍵となる考え方です。これらに加えてもう一つ、「人生脚本」についてふれておかなければなりません。

人はそれぞれ、どのように生き、どのように死ぬのか、人生のプランをもっており、これを持ち歩いている、とバーンは考えました。この人生のプランが人生脚本です。この人生脚本は幼児期に、両親の影響や重大な出来事によって形作られます。そして人は、知らずのうちに、この脚本に従って生きていく、とバーンは主張しました。

もっとも、人が幼少時に成人後の人生プランを立てていると考えるのは妥当ではありません。そうではなくて、幼少時の決断が、その人の最終的な運命を決定づけているという立場をバーンは取っています。この人生脚本に近い考え方を示した人物として、個人心理学の創設者アルフレッド・アドラーの名を、バーンは挙げています。

アドラーは、人は人生の早い時期に、その人が意識しないうちに、人生の目標を選択し形成すると考えました。アドラーはこの目標形成時期を子供の頃、4歳または5歳頃までと考えました（近年のアドラー心理学では、10歳頃までに形成されると考えています）。人はこの人生の目標を前提に行動し感情を働かせます。

またアドラーは、幼児期に形成した人生の目標に向けてどのように生きるかという、その人独自の生き方の態度をライフスタイルと呼びました。ライフスタイルは、その人の人生の目標および目標へアプローチするための態度までを含めた、単なる目標よりも大きな概念にあたります。

ただし問題は、人が選ぶ人生の目標あるいはライフスタイルがいつも適切だとは限らない、という点です。それらが、適切でない、間違っている、という場合も当然考えられます。間違ったライフスタイルに従って行動すると、その人は社会適応が困難になることは容易に想像できます。そこでアドラー心理学では、その人がもつ目標やライフスタイルを理解し、その間違いを示し、正しい目標のもと新たなライフスタイルを築くよう背中を押します。

アドラーの示したライフスタイルに相当するのが、バーンの人生脚本です。人生脚本にも良い脚本と悪い脚本があります。それはちょうど、標準正規分布にあてはめて考えることができます。つまり、正規分布の右端には、何らかの方法で悪い脚本から自由になった自立的な人がいます。その一方で、逆の左端には悪い脚本に縛られて生きる人がいます。そして、多くの人が、この極端な右端と左端の間のどこかに位置しています。

人生に重大な問題を抱えている人は、悪い脚本を所持しているというのがバーンの考えです。自分がもつ人生脚本に問題があることを患者に理解してもらい、新しい適切な脚本のもとに生きることを、交流分析は後押しします。以上の考え方はアドラーの主張と軌を一にするものだと言えるでしょう。

ただしバーンによると、アドラーは人生の目標を無意識のうちに身に付けると主張しますが、普通は無意識ではないと述べています。また、人が目的に達する方法も、アドラーが言う以上に正確に予期できると考えました。とはいえ、バーンの人生脚本が、アドラーの人生の目標やライフスタイルから大きな影響を受けていることは間違いないようです。

●人生脚本を分析する

その人がもつ脚本を分析するには、脚本を演じる俳優すなわちその脚本の持ち主がとるポジション、それにその脚本が両親からどのような影響を受けたのかを検証します。

まず、脚本の持ち主のポジションですが、こちらにはおよそ四つのポジションがあるとバーンは考えました。人は選択したいずれかのポジションを基礎に、脚本を演じます。そして、すべての心理ゲーム、脚本、運命は、これらの四つの基本となるポジションの一つに基づいている、とバーンは言いいます。

第一に「I＋You＋（私はOKであり、あなたもOKである）」のポジションです。いわば、私もあなたも互いにハッピーになりましょうという立場です。四つのポジションのうち唯一健康的なポジションであり、建設的に自分の人生を生きてゆけます。

第二に「I＋You－（私はOKだが、あなたはOKでない）」のポジションです。こちらのポジションは、「私は王子だが、お前は蛙だ」をモットーにしています。人間関係が困難になると相手を切り捨てるポジションで、ために「排除する」ポジションだと言えます。唯我独尊の信奉者でもありますから、「傲慢な」ポジションだとも言い換えられます。

第三に「I－You＋（私はOKでないが、あなたはOKである）」のポジションです。こちらは他人を排除するよりも自分を排除するポジションです。臨床的には「抑うつ」ポジションと呼ばれています。

最後に「I－You－（私はOKでなく、あなたもOKでない）」のポジションです。たとえば「どうして自殺しないの」というモットーで心理ゲームを展開するポジションです。「不毛」のポジションが別名です。対外折衝を拒否する「引きこもり」のポジションとも言えます。

以上に見た四つの基本的なポジションについて知ることは、その人がもつ人生脚本を分析する上で重要な鍵になります。

次に、その人がもつ脚本が、両親からどのような影響を受けて成立したかを分析します。バーンはこの分析に「脚本マトリックス」と呼ばれる図解を用います（図3。以下の説明はバーンの著作に加え、イアン・スチュアート著『エリック・バーンの交流分析』を基礎にしています）。

図に示したように脚本マトリックスでは、三つの自我状態の構造モデルを用いて、両親から脚本がどのように伝達されているのかを示します（図は男性の場合）。まず両親の「親」から、自分の「親」に「対抗脚本」が与えられます。対抗脚本は親の考えに基づいて考えられた人生プランです（たと

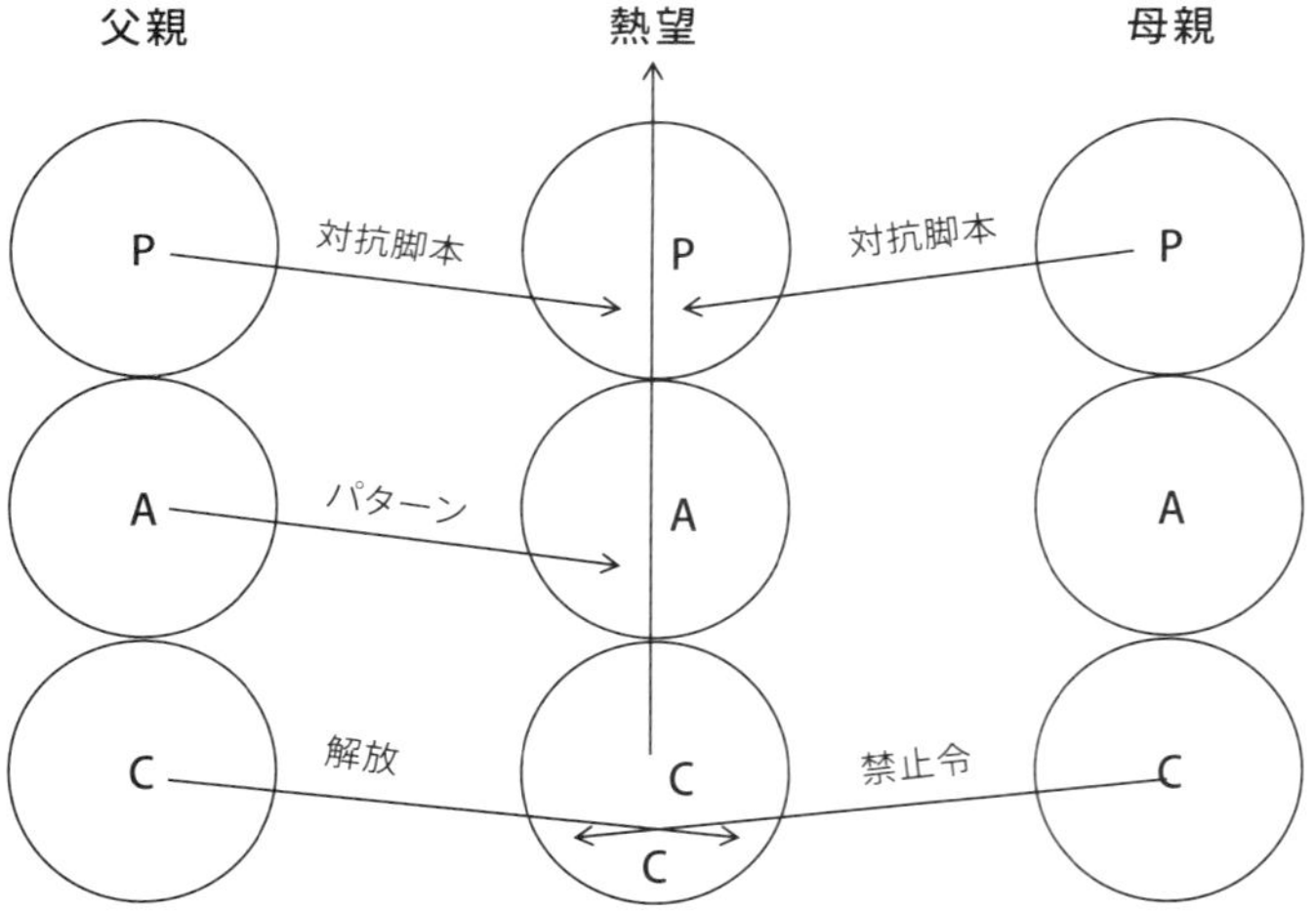

P=親　A=成人　C=子ども

出典:エリック・バーン『人生脚本のすべて』を基に作成

図3　脚本マトリックス

えば「いい学校に入りなさい」)。次に同性の親の「成人」から、自分の「成人」に対して、対抗脚本を実現するための行動の「パターン」がプログラムされます(たとえば「人を蹴落としてでも上を目指せ」)。

また、同性の親の「子ども」からは、その人の脚本から「解放」されるためのメッセージが組み込まれます(たとえば「好きな道に進みなよ」)。さらに、異性の親の「子ども」からは「禁止令」が出ます(たとえば「最後まで諦めては駄目」)。そして形成した人生脚本が悪い脚本だとすると、脚本から脱却するための「熱望」が生じます(たとえば「いい学校に入らなくてもいいじゃないか」)。

実際の分析では、個々のケースに応じて、クライエントから聞き取ったことなどから、脚本マトリックスを完成させてゆきます。その上で、脚本のパターンを明らかにし、これまでの悪しき行動を止める具体的な対応をクライエントに提供します。

その際に、心理療法家はクライエントの「子ども」に対して、「親」の禁止令や挑発に従わなくてもよい、という許可を与えます。この許可を効果的にするには、心理療法家自身が能力をもち、また自分でもそう感じていなければなりません。さらに心理療法家が、クライエントの「子ども」に、「親」の激怒から保護してくれる能力があると十分に信じてもらわなければなりません。

バーンは効果的な治療をするためのこの三つの特質を「能力(Potency)」「許可(Permission)」「保護(Protection)」と呼び、これを「心理療法の三つのＰ」と称しました。そして最終的には、新しい脚本に基づいた新しい決断を、クライエント自身が行うことになります。

以上、自我状態による構造のモデル、やり取り分析、心理ゲーム、人生脚本というキー・コンセプトを通じて、交流分析の概略について見てきました。交流分析には以上でふれた体系や手順、方法のほか、人生脚本を分析するためのチェックリストなどのツール類も揃っています。そういう意味で心理療法家にとっては利用しやすい手法になっているようです。

ただし、フレデリック・パールズ（第6章）のように教条を嫌った心理療法家からすると、バーンのアプローチはやや特異に映るかもしれません。もっとも手法はともかく、いみじくもバーンが言ったように、クライエントにとっては「治ること」こそが重要なのに違いありません。

第８章　ユージン・ジェンドリン

１９２６年、オーストリア生。２０１７年没。
セルフヘルプに広く利用されているフォーカシングの提唱者。カール・ロジャーズとは師弟関係であり共同研究者でもある。本来の専門は哲学でその思想はフォーカシングのみでは語れない。主な著書に『フォーカシング』『夢とフォーカシング』がある。

●ジェンドリンの「発見」

最終章で取り上げるユージン・ジェンドリンは、１９２６年12月25日にオーストリアのウィーンで生まれたユダヤ系の哲学者・心理学者です。心理学者フレッド・マサリック（Ｔグループの開発者の一人）は、ジェンドリンと小学校時代の同級生だったといいます。

１９３９年にアメリカへ移住したジェンドリンは、アメリカ海軍に短期間勤務したあと、シカゴ大学で哲学を専攻します。１９５０年、シカゴ大学にて哲学修士、さらに58年には同じくシカゴ大学で哲学の博士号を取得しています。１９６４年から１９９５年までシカゴ大学の教壇に立っています。

哲学を専攻していたジェンドリンが心理学の分野に興味を持ったのは、彼が人間の内的経験に関心があったからです。そのような経緯から、１９５７年から１９６３年にかけて、カール・ロジャーズ（第５章）が実施した精神分裂病の心理療法に関する大規模プロジェクトにジェンドリンも参加し、その研究と理論化に大きく貢献しています。１９６３年からは、アメリカ心理学会心理療法部会発行の「心理療法」の編集長を13年間務めました。

このプロジェクトや研究を通じてジェンドリンは、「体験過程」や「フォーカシング」などの新たな考えを提示するようになります。とりわけフォーカシングは、いまやセルフヘルプ（自助）の手法として非常にポピュラーなものになっています。そのためジェンドリンは、哲学よりもむしろ心理学の分野で、その名が知られるようになっているのが現状です。以下、ジェンドリンが提唱したフォーカシングの技法について見た上で、フォーカシングの基底にあるジェンドリンの思想についてもふれたいと思います。

そもそもジェンドリがフォーカシングを考案するに至ったのは、右でもふれたように、ロジャーズのプロジェクトに参加してのことです。ジェンドリンにとって、ロジャーズは師でもあり、共同研究者でもありました。フォーカシングについて語るには、このロジャーズとのプロジェクトで実施した研究について語ることが欠かせません。

プロジェクトでロジャーズとジェンドリンが注目し着手したのは、カウンセリングの成功事例と失敗事例の比較研究でした。カウンセリングには成功する例もあれば失敗する例もあります。その違いはどこで生じるのか、この点を明らかにしようとしたのがこの研究です。

研究では、数多くの心理療法家とクライエントの治療面接について、初回から終了までが録音されました。この記録から、どこに成功あるいは失敗の要因が潜んでいるのか、ジェンドリンらは検討しました。そのサンプル数は何百にものぼったといいます。

当初の仮説は、カウンセリングの成否は心理療法家の腕次第というものでした。これは常識的な判断に思えます。ジェンドリンらはこの仮説を念頭に、成功例と失敗例の録音から心理療法家の対応を検証しました。しかしそこに有意な違いは見られませんでした。

ところが意外なことに、心理療法家ではなくクライエントの対応に耳を傾けると、そこに有意な違いが発見されました。成功するカウンセリングでは、クライエントが決まって、しばしば沈黙の時間をとることがわかりました。この行為を詳しく検討すると、それはクライエントが自分の内側に耳を澄ませ、内面にある曖昧な何かを言葉にしようと努めていたのでした。

ロジャーズは、人が行うこの内的行為を「感情」や「身体的有機体的感覚」と呼んでいました。これに対してジェンドリンはのちに「体験過程」と呼ぶようになります。現在ではこの体験過程という語が、クライエントが行うこの行為を表す一般的な言葉になっています。

●体験過程における推進とは何か

ジェンドリンは、人は環境と相互作用して絶えず変化する生命過程と考えました。この生命過程の中で生じる、人間の心理的な側面が体験過程です。この体験過程は無数の意味を有しています。しかしそれぞれの意味について人は明確に意識しているわけではありません。そのためジェンドリンはこれを「暗黙の意味」と呼びます。

クライエントがしばしば沈黙して、内面に耳を傾けるのは、この暗黙の意味に接近していることを意味します。いわば体験過程で生じる身体からのメッセージに聴き入っているわけです。このような時間を体験過程の「辺縁（エッジ）」とジェンドリンは呼びました。

体験過程の辺縁で、得てして人は次のような態度をとります。

「何と言うか……ちょうど何か気持ち悪いものにふれたような」

「ちょっと待って……感じが違う。それはむしろ……」

「そうだわかった。……いやでもちょっと違う」

このように、暗黙の意味には、明確な定義がいまだなされていません。そのため、人はそれにしっくりくる言葉を見つけるため、暗中模索します。すると人は、自分の内面により一層耳を傾けて、内なる声を正確にとらえようとします。

そして、何かしっくりくる言葉が見つかった時、人は開放感を得て、体験過程は先へと進みます。

ジェンドリンはこれを体験過程の「推進」と呼びました。そして、成功するカウンセリングでは、クライエントは自らの内側で生じる体験過程の辺縁に耳を傾け、ジェンドリンの言う暗黙の意味を明らかにしようと努めます。そして、自発的な推進が行われます。失敗するカウンセリングでは、クライエントにこうした内的行為が見られませんでした。

この結果、カウンセリングの成否は、心理療法家の腕よりもむしろ、クライエントの態度にあることがわかりました。しかも最初の２~３回の面接テープを聴くだけで、カウンセリングの成否を予測できるようになったといいます。

それならば、内面の声を聴く訓練、言い換えると体験過程の辺縁に焦点を合わせる行為をクライエントが実行するようにすれば、カウンセリングを成功させることができるのではないか――。

このような経緯で考案されたのがフォーカシングという技術です。

ジェンドリンは最初、カウンセリングを円滑に進めるための技法としてフォーカシングをとらえていました。ところが、この技法はセルフヘルプや創造力の開発に役立つことがわかり、フォーカシングの適用範囲は心理療法の現場からさらに大きく広がることになります。

それに輪を掛けたのが１９７８年にジェンドリンが出版した著作『フォーカシング』です。同書の売れ行きが好調だったことから、フォーカシングの名は世間へ広がることになりました。

●フェルトセンスとフェルトシフト

フォーカシングには体系化された手順があります。また、ジェンドリンの弟子がその手順をより洗練させ現在に至っています。もっとも、説明の順番としては、具体的な手順について紹介する前に、フォーカシングの中心概念である「フェルトセンス」と「フェルトシフト」について解説しておくべきでしょう。

先にもふれたように、体験過程の辺縁では、自分の内面からのメッセージに耳を傾けます。この内面からのメッセージは、頭で考えるようなものではなく、身体からの感じであり、その意味がまだ明らかになっていないものです。

ジェンドリはこの身体の内なるメッセージをフェルトセンスと呼びました。フェルトセンスは、恐れや怒り、喜び、悲しみといった情動ではありません。これらと違い、もっと全体的ではっきりしないもの、情動よりもっと多くのものを含んでいるものです。ジェンドリンはフェルトセンスについて次のように述べています。

それらの大部分は、はっきりとはわかっていません。フェルトセンスは、からだの感じ——たとえば、重たいような、ねばねばしたような、びくびくするような、ひらひらしたような、きついような——なのです。はじめは、ぴったりしたラベルがありません。そして、フェルトセンスは、

からだの中心で感じるものです。

ユージン・ジェンドリン『夢とフォーカシング』P57〜58

もっとも、以上の説明だけでフェルトセンスについて理解するのは難しいかもしれません。そこで、もっと身近で具体的な例を紹介しましょう。以下は、ジェンドリンが著作『夢とフォーカシング』の冒頭で述べている、フェルトセンスに関する説明を基礎にしています。

私はいま本を読んでいます。その中にちょっと気になる個所がありました。調べようと思いパソコンのスリープを解除しました。すると、メールが来ているのに気づいて、内容をチェックして、必要なメールに返事を書きました。書き終わったあと、ふと妙な気持ちになります。

「あれ、何をするためにパソコンを立ち上げたんだったっけ？」

いかがでしょう。こんな経験はありませんか(私はよくあります)。あるいは、もっと身近な例は、よく知っているものなのに名前がなかなか思い出せない場合です。それはいつも目にしている植物の名前だとか、よく知っている味覚なのに名前が思い出せない食材とかです（これまたいずれも私にはよくあることです)。

このような時、「しようとしていたこと」「思い出せない名前」を思い出すために、私はいろいろと考えを巡らせます。しかし思い出せないと、私は何かとても奇妙な、気持ちが悪い、むずがゆい感じがします。いえ、おそらく「私は」ではなく「私たちは」と言っていいと思います。その感じとは、お腹のみぞおちのあたりが圧迫され、せきたてられるような感覚です。あるいは、胸やお腹がなんだかどよ～んとして滞った感じです。もちろん感じ方は人それぞれでしょうが、私の言っていることはわかってもらえると思います。

実はこの「何か奇妙な、はっきりしない感じ」（『夢とフォーカシング』P5）がフェルトセンスにほかなりません。ですから、フェルトセンスは日常的に誰もが感じるものであって、特殊な人だけが経験するものではまったくありません。

話を先の「しようとしていたこと」に戻しましょう。私はしばしの間パソコンの前で、何をしようとしていたのかを思い出そうと試みます。

「誰かにメールを書こうとしたんだっけ？」

「何か調べようとしたんだっけ？」

「新譜を探そうとしたんだっけ？」

いろいろと思いを巡らせますが、どれも違うようです。なぜ違うとわかるのか。それは、身体にある「何か奇妙な、はっきりしない感じ」がいまだに持続しているからです。

私は思い出すのを諦めて、再び本を手にして読み始めます。すると突然、私は「しようとしていたこと」を思い出しました。

「そうそう。ここんところをウェブで調べようと思ってたんだ！」

この時、私は、いままで身体にあった、あの不明瞭な感じが、雲散霧消するのを感じます。「せき止められていた水があふれんばかりに流れ出す感じで、ようやくからだが楽になります」（『夢とフォーカシング』Ｐ５）。ジェンドリンはこの体験を次のようにも表現しています。

すなわちそれにはいつも、楽になるという感覚があり、時にはとてもすばらしいというからだの解放感さえあります。息を止めていた後で吐き出すような感じがするともいえます。緊張がからだから抜けていくのが感じられるのです。
　　　　ユージン・ジェンドリン『フォーカシング』Ｐ68

逆に言うならば、この「何か奇妙な、はっきりしない感じ」すなわちフェルトセンスが浄化されない限り、私たちは正しい答えに至っていないことになります。そのことは自分自身、自分の身体が一番よく知っています。

フェルトセンスの正体がわかり、身体がスッキリすること、この状態への移行をジェンドリンはフェルトシフトと呼びました。

●フェルトシフトを意識的に起こす

しかし、フェルトシフトが起こると、不思議な開放感が生じるのはなぜでしょう。ジェンドリンは二つの源泉があると言います。

第一に、かつては隠れていた知識が、今や意識され利用可能な状態になるからです。たとえば、目の前にある植物の写真を撮って友達と共有するとします。コメントに植物の名前を記そうと思ったら、その名前が出てきません。

「あれぇー、なんでこんな簡単な名前を忘れるんだろ」

私は記憶にある植物の名前にアクセスします。

「えーっと、なんだっけ。スパッチじゃない、サンスベリアでもない、クッカバラでもない……」

このように思いをめぐらしていると、見つかりました。

「ちぇっ、アンスリウムじゃないか。なんでこんな簡単な名前が出てこなかったんだろう」

こうして私はコメントに「アンスリウムの花が咲いたよ〜」と入力できるでしょう。つまり、隠されていた知識が、今や利用できる状態になっています。だから身体がスッキリします。

第二に、つかえがとれて、身体全体が異なった状態に移行するからです。たとえば、私が原稿を書いていて、ふと目をやると花を咲かせた見慣れた植物があるとします。ところが名前が思い出せません。しばし執筆をやめて考えます。「えーっと……。そうそう、パキポディウム！」

私は名前を思い出しました。とはいえ、この知識を今何かに利用できるわけではありません。しかし、思い出せないことによる「何か奇妙な、はっきりしない感じ」はなくなりましたから、気分スッキリと原稿を書けるでしょう。

何か不快な感じから抜け出せた私は、前の私とは違います。つまり変化です。これは私にとってとても小さな変化です。しかし私の中で変化は確実に生じました。これがフェルトシフトです。

以上、フェルトセンスとフェルトシフトについて理解してもらえたと思います。これでフォーカシングの手順について説明する準備ができました。そこで再び、フォーカシングが考え出された契機に立ち戻りましょう。

ジェンドリンは、成功するカウンセリングでは、クライエントが体験過程の辺縁で身体から生じる「何か奇妙な、はっきりしない感じ」を言葉にしようとすることを発見しました。

「何と言うか……ちょうど何か気持ち悪いものにふれたような」

「ちょっと待って……感じが違う。それはむしろ……」

「そうだわかった。……いやでもちょっと違う」

この時のクライエントは、私たちがすでに見てきたフェルトセンスと向き合っているわけです。自分が抱える問題から生じるフェルトセンスと対話しています。そして、そのフェルトセンスに対して、何か適切な言葉を当てはめられたら（あるいはフェルトセンスの正体を突き止められたら）、クライエントにはフェルトシフトが生じて、新たな気づきを得ることができるでしょう。

つまり、成功するカウンセリングのクライエントは、知らずうちにフェルトセンスと向き合い、フェルトシフトを起こすことで新たな気づきを得ていたのだと考えられます。失敗するカウンセリングのクライエントにはこの活動がありませんでした。だからカウンセリングは失敗に終わったわけです。

したがってジェンドリンは、クライエントに意識的にフェルトセンスを感じさせ、そこからフェルトシフトへ至らせる技法を編み出そうと考えました。それがフォーカシングにほかなりません。いわばこれは、「からだの内部である特別な気づきに触れてゆく過程」（『フォーカシング』Ｐ29）、「内なる自己があなたに伝えるメッセージを聴いていく独特のプロセス」（アン・ワイザー・コーネル『やさしいフォーカシング』Ｐ11）というわけです。

また、この点もすでにふれましたが、ジェンドリンは最初、カウンセリングを円滑に進めるための技法としてフォーカシングをとらえていました。ところが、セルフヘルプや創造力の開発にもこの技法が役立つことがわかってきました。よってフォーカシングは、今この本を読んでいるあなたにも有用な技法になります。

●フォーカシングの手順

本来、フォーカシングの手順については、ジェンドリンの著作『フォーカシング』、あるいはジェンドリンの弟子で、今やフォーカシングの第一人者と言われているアン・ワイザー・コーネルの著作『やさしいフォーカシング』を読んでもらうのが適切かもしれません。そもそも第1章で述べたように、本書は具体的な療法（テクニックと言ってもよいと思います）にはふれず、その背景にある理論や哲学を紹介する点を旨にしているからです。

ただ、このフォーカシングについては、技法の一端にふれないわけにはいかないでしょう。そうでないと、フォーカシングが具体的にどのようなものか伝えられないからです。

以下、フォーカシングの手順について手短に説明しますが、これらは基本的にジェンドリンの著作『フォーカシング』にある「フォーカシング簡便法」（Ｐ２２７～２２９）を基礎に、同書およびコーネルの著作『やさしいフォーカシング』を適宜参照しています。技法について詳しく知りたい方は、必ず専門の文献にあたるようにしてもらいたいと思います。

ジェンドリンによると、フォーカシングは六つのステップからなります。楽な姿勢をとり、目をつぶって、この六つのステップを実行します。

①空間をつくる

最初はクリアリング・スペースとも呼ばれているステップです。自分の中にある気がかりな事柄に一つずつ気づくようにします。この時、問題とは同一化せず、自分は一歩引き下がってそれぞれを眺めます。

②フェルトセンス

取り出した問題から一つ取り上げて、感じます。ここでは感じることが重要で、問題を分析するのではありません。どのような感じがするか、どのような気持ちになるのかが焦点です。この感じがフェルトセンスにほかなりません。ちなみに、コーネルは「からだの内側、とくに喉、胸、胃、下腹のあたりに注意を向けることから始めます」（『やさしいフォーカシング』P26）と指摘しています。

また、感情と同一化しないようにします。感情の中に入らずに、そのそばにいて客観視することが重要です。この点についてジェンドリは、「スープの香りをかぎたいなら、頭をスープの中に突っ込まないほうがいい」（『やさしいフォーカシング』P37）と言ったそうです。

感情と一体になったら脱同一化を実行します。「私は悲しい」と感じたら、「私には悲しい部分がある」に態度を変えます。すると、悲しい部分のフェルトセンスを感じられるようになります。これが脱同一化です。

③取っ手（ハンドル）をつかむ

今感じているフェルトセンスにぴったりな言葉や動作、言い回しを見つけ出します。これを、フェルトセンスに付いている「取っ手（ハンドル）」と呼びます。それはたとえば、「きつい、ねばっこい、こわい、行き詰まった、重い、バタバタしている」（『フォーカシング』P73）といった言葉かもしれません。

この時に注意すべきなのは、フェルトセンスを表現する言葉がすぐに出てきた場合です。これは頭で考えた言葉であり、身体からのメッセージに耳を澄ませて作り出した言葉ではありません。悩み事を長時間もっていたら、それに対する説明の言葉も用意しているものだ、とジェンドリンは言います。少なくとも1分は耳を澄まし、フェルトセンス自体から出てくる言葉を待ちます。

④共鳴させる

③で表現したハンドルが適切な言い回しか、身体で感じてみます。適切でなければ別の言葉を見つけ出します。フェルトセンスと言葉の間を行ったり来たりします。フェルトセンスとフェルトシフトの説明で示した「しようとしていたこと」「思い出せない名前」を思い出してください。適切な言葉が見つかると、「何か奇妙な、はっきりしない感じ」が雲散霧消して、身体がスッキリしました。フェルトセンスに適切にあてはまる言葉が見つかれば、フェルトシフトが生じて自然に開放感が得られます。

⑤尋ねる

フェルトシフトが生じたら⑥に進みます。しかしピタリとあてはまるハンドルが見つからない場合もあるでしょう。そうしたら「その全体の問題について、私をそう……させているのは何でしょうか」（『フォーカシング』P２２８）と尋ねます。「……」にはフェルトセンスから感じられること、たとえば「バタバタしている」「胸が締め付けられる」などが入ります。

⑥受け取る

新しい気づきを受け取ります。新しい段階を体験します。自分の内部で何かが変わりもしくは動き、堅い部分がほぐされるという、明確な身体的感じを体感します。しばらくフェルトシフトと一緒にいます。

以上の手順を経て、新たな気づきを得るのがフォーカシングです。ジェンドリンによると、フェルトシフトは③〜⑤のステップでよく起こるということです。なお、以上の説明では具体的なやり方がわからないという人は、たとえば次の方法をとってみる手もあるでしょう。

誰しも苦手な人、気にくわない人がいるものです。その人をイメージして、自分の身体内に生じるフェルトセンスを感じてみてください。このフォーカシングには意外な気づきがあるはずです。

私も実際、ある人物についてフォーカシングを行いました。その時に感じたのは、「胸が詰まって、下腹部がキリキリと痛む」ような感じです。最初に出てきたハンドルは「嫌悪感」だったのですが、これはあまりにもあたりさわりのない表現で、まだもやもやした感じが残りました。

そこで「なぜあの人に嫌悪を覚えるのだろう」と自分に尋ねました。すると、「偽善者」であり、「裏表があること」に我慢がならない自分に気づきました。しかしまだすっきりしません。

そのすっきりしない部分について感じていると、新たな気づきが得られました。それは「ああいう人間にはなりたくない」という強い信念です。さらにもう少し感じてみると、私自身が何か怯えているような感じにも気づきました。何に怯えているのか自分に尋ねると、「過去にあんな態度をとらなかったか」、さらに「将来あのような人物になることがあるのではないか」というものでした。

いかがでしょう。「嫌悪感」という表面的な言葉の裏には、これほど多くの意味が隠されていたわけです。もちろんこれでフェルトセンスを十分明らかにできたとは言えないかもしれません。しかし、私の身体がどこかスッキリしたことは確かです。

●ジェンドリンの現象学批判

最後にフォーカシングと現象学という、ちょっと意外な組み合わせについてふれておきたいと思います。

現象学は人間性心理学が好んで採用する手法でした。それは、既存の枠組みや常識を一切取り払って物事をありのまま見て、目の前の現象をいきいきと経験します。いわゆる判断停止（エポケー）を実行します。その上で経験した内容を何の先入観もなしに記述します。

しかし、この手法には大きな弱点がある、とジェンドリンは言います。それというのも、現象学が、経験した内容の記述に、既存の「言語」を用いるからです。しかしそれでは、経験を言語という既存の枠組みにあてはめて表現することになり、現象学が主張する判断停止して既存の枠組みから自由になる態度から逸脱してしまいます。つまり経験を、既存の言語を用いて明確な言葉にしようとした時点で、現象学的方法は破綻するわけです。

これに対してジェンドリンは次のように考えます。従来、私たちはある言葉すなわち言明によって、私たちの経験を表現する立場をとってきました。しかしながら、経験を純粋に記述することはできません。なぜなら、言葉で記述することで、経験が変化するからです。従来の立場（たとえば現象学）はこの点を見逃していました。

そこで必要になるのが、経験と言明は相互に影響し合うものとして、双方に着目する態度です。具体的には、「経験が言葉にされていくまさにその過程において経験を研究すること」（諸富祥彦、村里忠之、末武康弘編著『ジェンドリン哲学入門』Ｐ１２６）が欠かせません。

経験を言葉にしたその経験に注目すれば、さらに新たな言葉が表に現れ、そのつど以前気づいていなかった側面に気づきます。ジェンドリンはこの過程を「解明」と呼びました。

この解明には、良い解明あるいは質の高い解明というものがあります。この解明が「以前は気づいていなかったある側面に直接に気づくように導く」（『ジェンドリン哲学入門』Ｐ１３２）ならば、その言明は正しい、すなわち真だと言えます。これが良い解明です。

そして、この真と思えるステップ、つまり良い解明を継続すれば、その経験がもつ以前気づいていなかった側面について、新たな認識を次々と付け加えられます。この過程は現象学的に真の方向に進んでいると言ってよいでしょう。仮にそうでなければ、その解明は悪い解明であり、偽の方向に進んでいることになります。

以上を「ジェンドリン流現象学的態度」だとすると、フォーカシングはこの態度を基礎にした活動だと言えます。フェルトセンスに接触して、良い解明、さらに良い解明を継続して、フェルトセンスの正体を明らかにします。そして最終的にフェルトシフトに至ります。このジェンドリン流現象学的態度なしに「良いフォーカシング」はあり得ないと考えるべきです。

以上については『ジェンドリン哲学入門』収録の諸富祥彦著「ジェンドリンの現象学」を参考に

しましたが、同書の「はじめに」で同じ筆者が興味深いジェンドリンの発言について書いています。ジェンドリンは「フォーカシングをワークショップでエンジョイして、けれども人生がまったく変わらない人がいる。そんな人たちには、フォーカシングをやめてほしい！」（『ジェンドリン哲学入門』Ｐ３）と述べたというのです。ちなみに、右のような人たちをフォーカシング・ピープルと呼ぶそうです。

それはともかく、ジェンドリン流現象学的態度をフェルトセンスに実行することで、新たな気づきがあるとします。この気づきとは本書で繰り返し述べてきたように可能性の発見です。その可能性を何か意味あるもの、現実のものにできれば、人は成長できます。ここで本書冒頭に記した、人間性心理学の定義を思い出してください。

人間性心理学とは、人間がもつ潜在的可能性に着目し、その実現に至る過程を研究し手助けする学問的立場である。

この定義からするとジェンドリンのフォーカシングは、明らかに人間性心理学に貢献する技法だと言えます。もっとも、この技法はロジャーズとの共同研究で体系づけられたものですから、それもそのはずでしょう。

その一方で、人間性心理学では現象学的手法を多用してきました。しかしその手法に一旦反省を加え、ジェンドリン流現象学的態度を採用するのが適切なのかもしれません。
この点について皆さんはどうお考えになりますか？

おわりに

カール・ロジャーズの趣味に関する話をしましょう。ロジャーズは土いじりすなわち園芸が趣味だったそうです。ただし、土いじりは単なる趣味ではなく、ロジャーズの研究とも深く結び付いていました。

それというのも、人間性心理学も土いじりも「成長のための効果的条件は何か？」という、同じ興味深い疑問を投げかけるからです。植物はうまく育てるととても素敵な見栄えになります。ロジャーズはカウンセリングについても同様に考えていました。ロジャーズはこう言います。

そして、根気よい、知識を生かした世話によって、まれに見る素晴らしい花を咲かせることが出来た時には、個人やグループで成長を促進した時に感じるのと同種の満足を感じます。

カール・ロジャーズ『人間尊重の心理学』P66

実は筆者自身もグリーンが大好きでして、自宅でも事務所でも多数の植物を育てています。第8章で「アンスリウム」の話をしましたが、これは事務所に咲いていたアンスリウムが実際にありまして、たまたまこの原稿を書いている時に、その名前がなかなか出てこないことがありました。第8章ではそのことをそのまま書いたわけです。

しかし、植物を育てていて改めて思うのはその種類の多さです。また種類の多さに加えて、それぞれの種で形や生態が大きく異なる点です。

アンスリウムならばアンスリウム、スパッチならばスパッチと、それぞれの葉や花の形、その付き方、株の増え方があります。そしてアンスリウムはアンスリウムらしく、スパッチはスパッチらしく育つのが彼らの自己実現です。決してアンスリウムはスパッチになろうとしてはいけません。逆も同様です。

私たちも同じことが言えます。

人はとかく他人と自分を比較します。そして、願わくばあのような人でありたかった、などと考えてしまいがちです。これは実は、アンスリウムが「スパッチって何て素敵なんだろう。私もああなりたい」と思うのと同じことだと思いませんか。

他人と比較したくなったら、一旦深呼吸して、自分自身を比較してみる。比較するのは過去の自分と現在の自分です。あるいは現在の自分と将来の自分です。

現在の自分は、昨日の自分に比べて素敵になっているでしょうか。あるいは明日の自分は、現在の自分より魅力的になろうとしているでしょうか。そして答えがいずれもイエスならば、人は潜在的な可能性を基本的に実現しようとしているのではないでしょうか（もちろん良い人生脚本ならばですが！）。

本文でも述べたように、植物の場合、環境が整えばアンスリウムはアンスリウムになります。しかし、人間の場合、そもそもなるべき自分を自分自身で選択しなければならないという、実存的問題があります。この問題に対して、右に見た自分自身の比較は、とても地味な作業ですが、自分がもつ潜在的可能性を実現するのに効果的な方法だと思います。

なお、本書の執筆にあたり、昔読んだ河合隼雄著『ユング心理学入門』を手にしました。その中で次の一文を思いがけなく見つけました。人間性心理学に対するユング派の立場からの批判です。

ただ、アメリカにおける自己実現の考えは、その光の部分のみ見て、ユングが述べているような暗い部分を見逃してしまっている点に、甘さを感じさせられる。心理療法にたずさわるものとして、人間の成長の可能性への信頼をもつことは非常に大切であるが、自己実現に伴う危険性と苦しみをよく知っていることも必要なことであると思われる。

河合隼雄『ユング心理学入門』Ｐ２２７

右の一文に人間性心理学という言葉は出てきません。しかし、「アメリカにおける自己実現の考え」

とは、人間性心理学を指していると考えても間違いないでしょう。

ここで示した批判は、本書で見てきた人間性心理学に一面の反省を促す厳しい指摘とも言えるでしょう。確かに潜在的可能性を実現するには、自分自身が排除したアニマやアニムスといったダイモニックな部分との統合が欠かせません。

自己実現は「娯楽」ではないのだと、と改めて感じた次第です。

最後に、本書の成立は、企画をご提案くださった市村敏明・アルテ社主に端を発します。今回も執筆の機会を与えていただき心より感謝いたします。

2018年11月

琵琶湖畔・勧学にて筆者識す

マ行

ヤ行

ラ行

ワ行

タ行

ナ行

ハ行

サ行

索　引

◆著者

中野　明（なかの　あきら）

1962年、滋賀県生まれ。立命館大学文学部哲学科卒業。ノンフィクション作家。同志社大学理工学部非常勤講師。著書に『マズロー心理学入門』『マズローを読む』『マズロー100の言葉』『アドラー心理学による「やる気」のマネジメント』『アドラー心理学による「強み」のマネジメント』『ポジティブ心理学は人を幸せにするのか』（以上アルテ）ほか多数。

人間性心理学入門
——マズローからジェンドリンへ

2019年1月25日　第1刷発行

著　者　中野　明
発行者　市村　敏明
発　行　株式会社　アルテ
〒170-0013　東京都豊島区東池袋2-62-8
BIGオフィスプラザ池袋11F
TEL.03(6868)6812　FAX.03(6730)1379
http://www.arte-pub.com
発　売　株式会社　星雲社
〒112-0005　東京都文京区水道1-3-30
TEL.03(3868)3275　FAX.03(3868)6588
装　丁　川嵜　俊明
印刷製本　シナノ書籍印刷株式会社

ISBN978-4-434-25511-3 C0011